# Ikuinen Totuus

Sri Mata Amritanandamayi

Mata Amritanandamayi Center, San Ramon
Kalifornia, Yhdysvallat

# Ikuinen Totuus

Sri Mata Amritanandamayi

Koonnut Swami Jnanamritananda Puri

*Julkaisija:*
Mata Amritanandamayi Center
P.O. Box 613, San Ramon, CA 94583
Yhdysvallat

———————— *The Eternal Truth (Finnish)* ————————

*Ensimmäinen painos MA Centerin:* huhtikuu 2016

*Yhteystiedot suomessa löytyvät sivuilta:* www.amma.fi

*Intiassa:*
inform@amritapuri.org
www.amritapuri.org

# Esipuhe

"Totuus on Yksi, viisaat kutsuvat sitä eri nimillä."
Tämä on merkittävä viesti, jonka Intian ikivanha kulttuuri on antanut maailmalle. Kaikkien nykyisten uskontoon liittyvien ongelmien syy on siinä, että me olemme unohtaneet tämän sanoman.

Saatamme julistaa, että maailma on kutistunut kylän kokoiseksi globalisaation ja uusien tieteellisten keksintöjen kuten internetin ja satelliittitelevision ansiosta, mutta samaan aikaan ihmissydänten välimatka kasvaa tasaista tahtia. Intian maailmalle antama oivallus – *Vasudhaiva kutumbakam*, "Koko maailma on perheeni" – perustuu perimmäiseen ykseyteen, meidän tietoisuutemme yhtenäisyyteen. Perimmäinen ratkaisu ongelmiimme on omaksua tämä ykseyden periaate. Vaikka emme kykenisikään siihen, meidän tulisi ainakin oppia kunnioittamaan toisten ihmisten näkökulmia ja ajatuksia. Maailma todella tarvitsee suvaitsevaisuutta ja ymmärrystä. *Sanatana Dharman*[1] periaatteet, ikuiset periaatteet, jotka olemme saaneet kuulla *risheiltä* (Itsen, korkemman totuuden oivaltaneilta tietäjiltä), johdattavat meitä tähän suuntaan. Nämä periaatteet ovat jumalallisia merkkitulia, jotka valaisevat polkuamme kohti täydellisyyttä. *Sanatana Dharma* sisältää ikuisen totuuden, jonka kuka tahansa, uskonnosta, yhteiskunnallisesta asemasta tai kulttuurista riippumatta, voi omaksua elämäänsä.

Julkaisijat

---

[1] *Sanatana* Dharma, Sanskritia, tarkoittaa: 'ikuinen totuus, uskonto' tai 'oikea elamantapa'. Hindulaisuuden alkuperäinen nimitys.

4

ॐ

*Kysymys:* Mitkä ovat hindulaisuuden ominais-
piirteet?

*Amma:* Lapseni, hindulaisuuden mukaan Juma-
la on kaikessa, jokainen on Jumalan ilmentymä.
Ihmiset ja Jumala eivät ole erillisiä, vaan he ovat
yhtä. Jumalallisuus on piilevänä jokaisessa ihmi-
sessä. Hindulaisuus opettaa, että jokainen voi
oivaltaa Jumalan oman ponnistelunsa avulla. Luo-
ja ja luomakunta eivät ole erillisiä. Luoja (Jumala)
ilmentyy luodussa. Hindulaisuudessa tämän ei-
kaksinaisuuteen liittyvän totuuden oivaltamista
pidetään elämän perimmäisenä tavoitteena.

Uni ei ole erillään uneksijasta. Mutta mei-
dän täytyy herätä ymmärtääksemme, että se
minkä koimme olikin unta. Vaikka Jumala on
kaikessa, me miellämme kaiken ympärillämme
olevan crilliscnä, koska emme ole vielä herän-
neet tuohon tietoisuuteen. Olemme kiintyneet
johonkin ja koemme vastenmielisyyttä jotakin
toista kohtaan. Tästä johtuen elämämme on
onnellisuuden ja surun vaihtelua.

Kun heräämme todelliseen olemukseemme, käsitteet 'minä' ja 'sinä' lakkaavat olemasta – kaikki on Jumalaa. Vain autuus jää jäljelle. Hindulaisuus opettaa, että on olemassa monia polkuja, jotka auttavat meitä heräämään tähän kokemukseen, riippuen itse kunkin *samskaroista*[1]. Maailmassa ei todennäköisesti ole toista uskontoa, jolla on niin monia erilaisia polkuja, harjoituksia ja rituaaleja.

Voimme muovata savesta aasin, hevosen, hiiren tai leijonan. Vaikka niillä on eri nimi ja erilainen muoto, ne ovat silti kaikki vain savea. Voimme nähdä, että savi on kaikkien näiden eri nimien ja muotojen perusta. Samalla tavoin, meidän tulisi luopua myös tavastamme käsittää maailmankaikkeus eri nimien ja muotojen kautta. Itse asiassa Korkein on muuntanut itsensä kaikiksi näiksi eri muodoiksi. Niinpä hindulaisuuden mukaan kaikki on Jumalaa. Ei ole mitään, mikä ei olisi Jumala. Hindulaisuus

---

[1] *Samskaralla* on kaksi merkitystä: (1) Nykyisen ja edellisten elämien kokemusten seurauksena mieleen juurtuneiden käsitysten kokonaisuus, joka vaikuttaa ihmisen elämään – hänen luonteeseensa, toimintaansa, mielentilaansa jne; (2) oikean ymmärryksen sytykkeet, jotka johtavat henkilön luonteen jalostumiseen.

opettaa meitä rakastamaan ja palvelemaan eläimiä, lintuja, matelijoita, puita, kasveja, vuoria, jokia – kaikkea, jopa kuolettavan myrkyllistä kobraa.

Kun saavutamme perimmäisen oivalluksen, ymmärrämme, että maailmankaikkeus ei ole erillään meistä, aivan kuten eri ruumiinosat eivät ole erillään ruumiistamme. Tietoisuutemme, joka siihen asti on rajoittunut kehoomme, laajentuu nyt kattamaan koko maailmankaikkeuden. Mikään ei ole tämän tietoisuuden ulkopuolella. Ne, jotka tuntevat Totuuden, kokevat toisten kärsimykset ja surut ominaan, aivan kuten me olemme tietoisia kivusta, joka syntyy kun piikki pistää varpaaseemme. Myötätunnosta tulee tällaisten henkilöiden todellinen luonne, kuten kuumuus on tulen, viileys veden ja tuoksu tai kauneus kukan luonne. Toisen lohduttaminen on heidän (oivalluksen saavuttaneiden) synnynnäinen luonteensa. Jos sormemme osuu vahingossa silmäämme, annamme sen sormelle anteeksi ja huolehdimme silmästämme, koska sormi ja silmä eivät kumpikaan ole erillisiä itsestämme.

Hindulaisuuden tavoite on saada meidät ymmärtämään, että kaikki olennot ovat osa itseämme. Kun tietoisuutemme laajentuu rajoittuneesta kehotietoisuudesta koko maailman kattavaksi ja koemme olevamme yhtä Jumalan kanssa, me saavutamme täydellisyyden. *Sanatana Dharma* opettaa meille, miten voimme nähdä Jumalan kaikkialla ja kokea, ettemme ole erillisiä Hänestä. Tähän päämäärään on olemassa erilaisia polkuja, kuten epäitsekkään toiminnan polku (*karmajooga*), antaumuksen polku (*bhaktijooga*), itsetutkiskelun polku (*jñanajooga*) ja meditaation polku (*rajajooga*).

Hindulaisuutta kutsutaan *Sanatana Dharmaksi*, ikuiseksi uskonnoksi, koska se soveltuu kaikille maille kaikkina aikakausina. Se opettaa ikuista totuutta, jotta kaikki maailmat voisivat ylevöityä. Hindulaisuus tähtää jokaisen yksilön kehityksen edistämiseen, eikä siinä ole tilaa lahkolaisuudelle eikä ahdasmielisyydelle.

*Om asato mā sadgamaya,* [2]
*tamaso mā jyotirgamaya*
*mrityor mā amritamgamaya*

---

[2] ā äännetään pitkänä aa:na, samoin kuin ū äännetään pitkänä uu:na.

Johda meidät epätotuudesta totuuteen,
pimeydestä valoon,
kuolemasta kuolemattomuuteen.

*-Brihadaranyaka Upanishad* (1.3.28)

*Om pūrnamadah pūrnamidam*
*pūrnāt pūrnamudachyate*
*pūrnasya pūrnamādāya*
*pūrnam-evā-vasishyate*

Tuo kokonaisuus on tämä kokonaisuus.
Kokonaisuudesta nousee kokonaisuus.
Kun kokonaisuudesta otetaan pois koko-
naisuus,
jää kokonaisuus jäljelle.[3]

Suuret tietäjät ovat jättäneet meille perinnöksi
nämä mantrat eikä niissä ei ole jälkeäkään erilli-
syyden tai toiseuden näkökulmasta. *Rishit*, Intian
muinaiset tietäjät, olivat valaistuneita näkijöitä,
jotka olivat oivaltaneet ei-kaksinaisuuden, Kor-
keimman Totuuden. Tämä totuus virtasi heidän
sanoihinsa.

---

[3] Vaikka sytytämme tuhat kynttilää yhdellä kynttilällä,
sen kirkkaus ei vähene. Kaikki on ehjää, täydellistä. Tämä
tunnettu mantra on rauhan rukous Shukla Yajurvedan
Upanishadeista.

"Jumala on jopa tässä pylväässä", vastasi Prahlada isänsä kysymykseen. Tämä toteamus kävi toteen: Jumala ilmestyi pylväästä. Tämän vuoksi sanotaan, että totuus ilmenee tietäjien sanoissa. Normaalisti lapsi syntyy äidin kohdusta – mutta rishi voi synnyttää uuden olennon tahdonvoimallaan. Toisin sanoen: rishien sanat käyvät toteen. Rishit, jotka olivat täysin tietoisia niin menneestä, nykyisestä kuin tulevastakin, lausuivat jokaisen sanansa myös tulevia sukupolvia ajatellen.

Jääkaappi viilentää, lämmityslaite lämmittää ja lamppu valaisee, mutta kaikkien näiden laitteiden toiminnan takana on sähkövirta. Olisiko järkevää sanoa, että jääkaapissa virtaava sähkö on parempaa kuin lampun läpi kulkeva vain, koska laitteilla on eri käyttötarkoitus ja erilainen arvo? Ymmärtääksemme, että eri laitteita pyörittävä sähkö on samaa, meillä tulee olla tietoa laitteiden toiminnasta ja käytännön kokemusta aiheesta. Samalla tavoin sisäinen olemus, tietoisuus, on kaikissa maailmankaikkeuden olennoissa yksi ja sama, vaikka olennot näyttäisivätkin erilaisilta. Meidän tulee kehittää itseämme henkisten harjoitusten avulla oivaltaaksemme tämän. Rishit, jotka oivalsivat totuuden oman kokemuksensa kautta, välittivät sen tuleville sukupolville. Nämä periaatteet loivat ihmisten elämäntavan Intiassa.

Ihmisiä, jotka seurasivat rishien välittämää (henkistä) kulttuuria, alettiin kutsua "hinduiksi". Hindulaisuus ei oikeastaan ole uskonto, vaan elämäntapa. Sanskritin kielen sanalla *'matha'* (uskonto) on myös yleisempi merkityksensä: 'näkökanta'. Tämä kulttuuri on eri aikoina eläneiden rishien kokemusten summa. Siten *Sanatana Dharma* ei ole kenenkään yksittäisen henkilön luoma uskonto, eikä yksittäiseen kirjaan koottu opetuksen kokonaisuus. Se on kaikenkattava elämänfilosofia.

Eri maissa ja eri aikakausina eläneet suuret sielut (*mahatmat*) antoivat seuraajilleen ohjeita Jumalan löytämiseksi. Näistä ohjeista syntyi myöhemmin eri uskontoja. Mutta se, mikä Intiassa muodostui *Sanatana Dharmaksi*, koostuu niistä ikuisista periaatteista, arvoista ja eettisistä opetuksista, jonka lukemattomat valaistuneet sielut ovat omakohtaisesti oivaltaneet oman kokemuksensa kautta. Myöhemmin näitä kaikenkattavia periaatteita alettiin kutsua hindulaisuudeksi. *Sanatana Dharma* ei vaadi, että Jumalaa pitäisi kutsua vain tietyllä nimellä eikä se väitä, että Jumalan voi saavuttaa vain yhtä määrättyä polkua pitkin. *Sanatana Dharma* on kuin iso valintamyymälä, jossa kaikkea on saatavilla. Se antaa vapauden seurata mitä tahansa Itseoivalluksen saavuttaneen henkilön osoittamaa polkua tai luoda oman tiensä päämäärään. Se antaa jopa vapauden uskoa tai olla uskomatta Jumalaan.

Se, mitä *Sanatana Dharma* kutsuu vapautukseksi, on perimmäinen vapautuminen surusta ja kärsimyksestä. Tämän päämäärän saavuttamiseksi on olemassa monta eri tietä. Henkinen mestari suosittaa oppilaalle tämän fyysiseen, henkiseen ja älylliseen olemukseen parhaiten sopivaa menetelmää. Kaikkia ovia ei voida aukaista samalla avaimella. Samoin meidän mielemme ovet tarvitsevat erilaisia avaimia, jotka sopivat erilaisiin *samskaroihin* (luonteenpiirteisiin) ja erilaiseen ymmärryskykyyn.

Kuinka monet ihmiset voisivat hyötyä joesta, joka virtaa vain yhtä uomaa pitkin? Mutta jos joki sen sijaan jakautuu useisiin eri uomiin, niin silloin kaikkien uomien rannoilla asuvat ihmiset hyötyvät. Samalla tavoin, kun henkiset mestarit opettavat erilaisia polkuja, suurempi määrä ihmisiä voi omaksua opetuksen. Kuuroa lasta pitää opettaa viittomakielellä ja sokea lapsi oppii kuljettamalla sormiaan sokeainkirjoituksen päällä. Jos lapsi on henkisesti jälkeenjäänyt, meidän tulee laskeutua hänen tasolleen ja selittää asiat yksinkertaisesti. Vasta silloin kun opetus sovelletaan oppilaan tasoa vastaavaksi, voi hän omaksua asian.

Samalla tavoin, henkinen mestari tarkkailee kunkin oppilaan mielenlaatua tai *samskaraa*, ja päättää sen mukaisesti, mikä polku sopii hänelle parhaiten. Vaikka jokaisen kulkema polku onkin erilainen, päämäärä on kuitenkin aina sama: perimmäisen totuuden oivaltaminen.

Vaatteita ei tehdä kaikille samoilla mitoilla. Lisäksi vaatetta voidaan joutua muokkaamaan aika ajoin yksilön kehityksen mukaisesti.

Henkisiä polkuja ja harjoituksia tulee uudistaa ajankohdan vaatimuksia vastaamaan. Tämän lahjan suuret sielut antoivat *Sanatana Dharmalle*. Dynaamisuus ja avarakatseisuus ovat hindulaisuuden tunnusmerkkejä.

Jos pienelle vauvalle annetaan äidinmaidon sijasta lihaa, se ei kykene sulattamaan sitä. Vauva sairastuu, mikä aiheuttaa koettelemuksia myös muille. Erilaisia ruokia tulee tarjota kullekin hänen makutottumustensa ja ruoansulatuskykynsä mukaisesti. Tämä pitää ihmiset terveinä. Samalla tavoin, *Sanatana Dharman* mukaan palvonnan muodot ovat eri ihmisille erilaisia, heidän *samskaransa* mukaisia. Jokainen yksilö voi valita menetelmän, joka sopii hänelle parhaiten. Minkä polun sitten valitsemmekin, se löytyy *Sanatana Dharmasta*. Näin ovat syntyneet lukuisat eri polut kuten *jñanajooga, bhaktijooga, karmajooga, rajajooga, hathajooga, kundalinijooga, kriyajooga, svarajooga, layajooga, mantrajooga, tantra* ja *nadopasana*.

Sanatana Dharma ei näe ristiriitaa henkisen ja maallisen (perheellisen) elämän välillä. Se ei torju maallista elämää henkisyyden nimissä. Sen sijaan se opettaa, että henkisyys tekee elämästä rikkaampaa ja mielekkäämpää.

*Rishit* perustivat myös maallisia tieteitä ja taiteita, henkisyyteen perustuen. He näkivät tieteen ja taiteen askelmina kohti korkeinta totuutta, ja muotoilivat ne lopulta eri poluiksi

Jumalan luo. Intiassa lukuisat tieteenalat kehittyivät tähän suuntaan – kielitiede, arkkitehtuuri, *vastu*, tähtitiede, matematiikka, terveystieteet, diplomatia ja taloustiede, *natya shastra*, musiikkitiede, eroottinen tiede, logiikka, *nadi shastra* ja monia muita. *Sanatana Dharma* ei kiellä tai torju mitään elämän tai kulttuurin aluetta. Tämä intialainen perinne rohkaisi tieteitä ja taiteita.

Koska tiedettiin, että jumalallinen tietoisuus on läsnä niin elollisessa kuin elottomassakin, kehittyi perinne kunnioittaa ja arvostaa kaikkea. Suuret rishit suhtautuivat eläimiin, kasveihin ja puihin ilman pienintäkään kunnioituksen puutetta tai vastenmielisyyttä pitäen kaikkia olentoja Jumalan ilmentyminä. Temppeleitä rakennettiin käärmeille, linnuille ja jopa hämähäkeille, ja liskoille annettiin oma paikkansa temppelipalvonnassa. Sanatana Dharma opettaa, että ihmisen on ansaittava jopa muurahaisen hyväksyntä saavuttaakseen täydellisyyden.

*Bhagavatamissa*[4] on kertomus *avadhutasta*[5], joka omaksui itselleen kaksikymmentäneljä gurua, osa näistä oli lintuja ja muita eläimiä. Meidän tulee aina säilyttää aloittelijan asenne, sillä saatamme saada opettavaisen kokemuksen miltä tahansa olennolta.

Rishit havaitsivat Jumalan läsnäolon myös elottomissa esineissä. He lauloivat: *Sarvam brahmamayam, re re sarvam brahmamayam* – "kaikki on Brahman, kaikki on Korkeimman olemusta." Nykyään tiedemiehet sanovat, että kaikki koostuu energiasta. Ne intialaiset, jotka uskovat rishien sanomaan, kumartavat antaumuksella kaikelle Jumalan ilmentymänä.

Amma[6] muistaa tiettyjä asioita lapsuudestaan. Jos hän sattui astumaan jätteiden joukkoon lakaistun paperinpalasen päälle, hän kosketti sitä ja kumarsi sille. Jos hän ei tehnyt näin, hän sai selkäsaunan äidiltään. Amman

---

[4] Yksi 18-osaisesta, *Puranoiksi* kutsutuista kirjoituksista. Käsittelee erityisesti Vishnun inkarnaatioita, ja suurelta osin Krishnan elämää. Se korostaa antaumuksen polkua. Tämä teos tunnetaan myös nimellä *Srimad Bhagavatam*.

[5] Itsen oivaltanut sielu, joka ei noudata yleisiä tapoja. Perinteisellä mittapuulla *avadhutia* pidetään hyvin omalaatuisina.

[6] Amma viittaa usein itseensä kolmannessa persoonassa.

äidillä oli tapana kertoa hänelle, että paperi ei ollut vain mikä tahansa paperinpala; se oli itse Saraswati, oppimisen jumalatar. Samoin hänelle opetettiin, että jos hän astui vahingossa lehmänlantaan, hänen tuli koskettaa sitä kunnioituksen merkiksi. Lanta auttaa ruohoa kasvamaan, sitten lehmät syövät ruohon ja antavat meille maitoa, jota voimme juoda.

Amman äiti opetti hänelle, että oven kynnystä ei pitäisi koskettaa jaloilla. Jos sattuisimme astumaan sen päälle, meidän tulisi kunnioittavasti koskettaa sitä kädellä ja kumartaa sille. Syy tähän on luultavasti se, että symbolisesti ovi johtaa uuteen elämänvaiheeseen. Kun asioihin suhtautuu näin, kaikesta tulee arvokasta. Silloin emme voi jättää mitään huomiotta tai kohdella jotakin epäkunnioittavasti. Meidän pitäisi suhtautua kaikkeen kunnioituksella[7].

*Bhagavatam* (Herran tarina) ja Bhagavan (Herra) eivät ole kaksi eri asiaa: ne ovat yksi ja

---

[7] Jotkut saattavat ihmetellä, miksi Amma antaa niin suuren merkityksen näkyvän maailman asioille, jotka Sanatana Dharman mukaan ovat *mayaa*, harhaa. Tähän viitaten Amma sanoo: "Kun sanotaan, että ulkoinen maailma ei ole todellinen vaan epätosi, ei tarkoiteta, että se ei olisi olemassa. Tarkoitamme, että se ei ole pysyvä vaan jatkuvassa muutoksen tilassa."

sama. Maailma ja Jumala eivät ole erillisiä. Näin voimme nähdä ykseyden moninaisuudessa. Siksi yhä tänäkin päivänä, jos Amma sattuu astumaan jonkin esineen päälle, hän koskettaa ensin sitä ja sen jälkeen päätään osoittaakseen esineelle kunnioitustaan. Vaikka Amma tietääkin, ettei Jumala ole erillään hänestä, hän silti kumartaa kaikelle. Vaikka portaikko ja sen päässä oleva ylempi kerros on tehty samasta aineesta, Amma ei voi jättää portaikkoa huomiotta. Hän ei voi unohtaa päämäärään johtanutta polkua. Amma kunnioittaa kaikkia rituaaleja, jotka auttavat meitä saavuttamaan päämäärän.

Hänen lapsensa saattavat kysyä, tarvitseeko Amma tällaista asennoitumista. Sanokaamme, että lapsella on keltatauti eikä hän saa syödä suolaa, sillä se pahentaisi hänen tilaansa. Lapsi ei pidä suolattomasta ruoasta, ja niinpä jos hän näkee jotain missä on suolaa, hän nappaa ja syö sen heti. Siksi lapsen äiti ei laita suolaa mihinkään valmistamaansa ruokaan, ja lapsen takia koko perhe välttää suolan syömistä. Samalla tavoin, Amma haluaa näyttää esimerkkiä, vaikkei hänen tarvitsisikaan noudattaa tällaisia tapoja.

Koska Sanatana Dharma opettaa näkemään Jumalan kaikkialla, sellaista käsitettä kuin 'ikuinen helvetti' ei ole lainkaan. Sen sijaan uskotaan, että riippumatta siitä, miten suurta syntiä olet tehnyt, voit silti puhdistaa itsesi hyvien ajatusten ja tekojen avulla ja lopulta oivaltaa Jumalan. Katumalla vilpittömästi jokainen voi vapautua väärien tekojensa aiheuttamista vaikutuksista, olivatpa hänen virheensä kuinka suuria hyvänsä. Sellaista syntiä ei olekaan, mitä ei voisi huuhtoa pois katumuksen avulla. Mutta ei tule toimia, kuten elefantti kylvyn jälkeen. Kun elefantti tulee vedestä, se sotkee itsensä saman tien jälleen tomulla. Näin toimivat myös monet ihmiset väärien tekojensa kanssa.

Teemme elämämme aikana monia virheitä, mutta Amman lasten ei tulisi lannistua niiden vuoksi. Jos kaadut, ajattele vain, että olet kaatunut noustaksesi ylös. Älä järkyty liikaa kaatumisesta tai jää makaamaan maahan ajatellen, että tässä on mukavaa.

Kun kirjoitamme paperille lyijykynällä ja teemme virheen, voimme käyttää pyyhekumia ja kirjoittaa sanan uudelleen. Mutta jos kirjoitamme saman sanan yhä uudelleen ja uudelleen väärin ja pyyhimme jatkuvasti samaa kohtaa, paperi saattaa repeytyä. Niinpä, lapseni, yrittäkää olla toistamatta virheitänne. Virheiden tekeminen on luonnollista, mutta yrittäkää olla varovaisia ja valppaita.

Sanatana Dharma ei hyljeksi ketään, eikä pidä ketään ikuisesti arvottomana. Jos pitää toisia kelvottomana henkiselle polulle, on kuin estäisi potilailta pääsyn sairaalaan. Jopa rikkinäinen kello näyttää oikeaa aikaa kahdesti vuorokaudessa! Meidän tulisi olla suvaitsevaisia. Jos välttelemme jotakuta, pitäen häntä 'sopimattomana', synnytämme hänessä kostonhalua ja eläimellisiä vaistoja, ja näin hän sortuu tekemään jälleen väärin. Jos sen sijaan kehumme sellaisen henkilön hyviä ominaisuuksia ja yritämme kärsivällisesti korjata hänen virheitään, hän voi itse asiassa kehittyä paljonkin.

Teemme virheitä, koska olemme tietämättömiä sen suhteen, mitä me oikeasti olemme. Sanatana Dharma ei torju ketään: sen opetukset antavat kaikille tarvittavan tietämyksen. Jos tietäjät olisivat leimanneet metsästäjä Ratnakaran vain roistoksi ja käännyttäneet hänet luotaan, tietäjä Valmikia[8] ei olisi koskaan syntynyt. Sanatana Dharma osoittaa, että jopa roistosta voi tulla suuri sielu.

Kukaan ei jätä timanttia ottamatta, vaikka se lojuisi ulosteiden keskellä. Aina tulee joku, joka poimii sen, puhdistaa ja ottaa sen itselleen. Ketään ei voi torjua, sillä Jumala on jokaisessa. Meidän tulisi kyetä näkemään Jumala kaikissa, riippumatta henkilön yhteiskunnallisesta asemasta. Jotta tämä olisi mahdollista, meidän on ensin pestävä pois mieltämme peittävät epäpuhtaudet.

Sanatana Dharman opetukset ovat ikuisia helmiä, jotka epäitsekkäät rishit myötätunnossaan antoivat maailmalle. Jos haluat pysyä hengissä, et voi vältellä ilmaa tai vettä. Samoin hän, joka etsii rauhaa ei voi vältellä Sanatana Dharman periaatteita. Sanatana Dharma ei kehota meitä uskomaan ylhäällä taivaassa asuvaan Jumalaan, vaan julistaa: "Usko itseesi; kaikki on sisälläsi!"

Atomipommi voi polttaa tuhkaksi kokonaisen maanosan, mutta sen voima piilee pikkuruisissa atomeissa. Banianviikunapuu voi levitä

---

[8] Katso Valmikin tarina sanastosta.

laajalle alueelle, vaikka se kasvaakin pienestä siemenestä. Jumala on läsnä meidän kaikkien sisällä. Voimme oppia tämän älymme ja henkisten harjoitusten antamien kokemusten avulla. Meidän täytyy vain huolellisesti noudattaa valitsemaamme menetelmää herättääksemme tämän sisällämme olevan voiman.

Mies kaataa vettä vesisäiliöön. Tehtyään tätä koko päivän hän huomaa, että säiliö ei vieläkään ole täysi ja hän yrittää selvittää, mistä tämä johtuu. Lopulta hän havaitsee, että yhdessä tankin poistoaukossa ei ole tulppaa. Tässä esimerkissä tietämys on sen seikan ymmärtämistä, että ilman aukon tukkimista säiliö ei tule koskaan täyttymään. Omaksuttuamme tämän tiedon sovellamme tarkkaavaista tietoisuutta itse toimintaan. Vasta kun suoritamme toimemme tarkkaavaisuudella, saavutamme tavoitellun tuloksen.

Viidelle maatilan työntekijälle annettiin tehtäväksi istuttaa siemeniä. Yksi kaivoi kuoppia maahan ja toinen laittoi kuoppiin lannoitetta. Kolmas kasteli maan ja neljäs peitti kuopat. Päivät kuluivat, mutta yksikään siemenistä ei itänyt. Maanviljelijä lähti tutkimaan tilannetta ja sai selville, että työntekijä, jonka olisi pitänyt istuttaa siemenet, oli jättänyt työnsä tekemättä. Tällaista on toiminta ilman tarkkaavaisuutta; se ei johda toivottuun tulokseen.

Antaumus, usko ja tarkkaavainen tiedostaminen kaikissa toimissamme – tätä Sanatana Dharma opettaa. Se ei pyydä ketään uskomaan sokeasti mihinkään. Jos haluamme käyttää jotakin konetta, meidän on ensin otettava selvää sen käyttöohjeista; muutoin se saattaa mennä rikki. Jotta voimme toimia oikein, me tarvitsemme tietoa (*jnanaa*). Kun suoritamme tekomme tiedon ymmärtämisestä kumpuavalla valppaudella, kyse on tarkkaavaisesta tiedostamisesta.

Jokaisen elämämme aikana suorittamamme teon tarkoitus on viedä meidät lähemmäksi Jumalaa. Siksi meidän tulisi toimia epäitsekkäästi, vapaana 'minä' - tunteesta. Meidän tulisi olla tietoisia siitä, että me voimme toimia vain Jumalan armon ja voiman ansiosta. Tätä on toiminnan (*karman*) taustalla oleva tieto (*jñana*). Tälläisella tiedolla ja tarkkaavaisuudella tehty toiminta on *karmajoogaa*, epäitsekkään toiminnan joogaa.

Toimiessamme keskittyneesti, voimme unohtaa itsemme. Mieli suuntautuu vain yhteen kohteeseen ja koemme autuutta - näin syntyy antaumus. Tietoisella ja antaumuksellisella ponnistelulla yrityksemme tuottaa varmuudella hedelmää. Ja kun sitten saamme toiminnastamme hedelmän, meidän uskostamme tulee luja. Sellainen usko on horjumaton, eika mikään voi sitä järkkyttää. Tietoinen keskittyminen, antaumus ja usko - tietoisesti suoritetut teot kehittävät antaumusta, mikä puolestaan johtaa uskoon.

Useimmat Sanatana Dharman tekstit ovat kirjoitetut keskustelun muotoon. Ne sisältävät Itseoivalluksen saavuttaneiden mestareiden vastauksia oppilaidensa kysymyksiin. Oppilaalla on vapaus esittää kysymyksiä niin kauan, kunnes hänen epäilyksensä ovat poistuneet. Tämä tällainen kehittää oppilaassa tarkkaavaista tietoisuutta.

Hindulaisuus ei asetu ketään vastaan, eikä vaadi ketään hylkäämään omaa uskontoaan tai uskoaan. Itse asiassa se pitää toisten uskon tuhoamista vääränä tekona. Sanatana Dharman mukaan kaikki uskonnot ovat teitä samaan päämäärään. Se ei kiellä mitään uskontoa. Hindulle ei ole olemassa mitään erillisiä uskontoja, alunperin sellaista käsitystä ei ollut Intiassa.

Mihin tahansa uskontoon ihminen kuuluukaan, hänen pitäisi pysyä päättäväisesti uskossaan ja kehittyä omassa elämässään. Vain tämä auttaa etsijää saavuttamaan perimmäisen päämäärän. *Karmajoogan, bhaktijoogan* ja *jñanajoogan* polkuja voi seurata mihin tahansa uskontoon kuuluva, nykyaikaan ja sen elämäntyyliin soveltuvalla tavalla.

Valtameri ja sen aallot voivat muodostua uimataidottomalle painajaiseksi. Sen sijaan hyvä uimari nauttii meren aalloista. Samalla tavoin, henkisyyden periaatteet omaksuneelle elämä on autuaallista. Se on hänelle juhlaa. Meidän tulisi löytää tapa kokea autuutta itse elämän aikana, eikä vasta kuoleman jälkeen. Aivan niin kuin liikemiehen tulee oppia kaupankäyntitaitoja voidakseen menestyä, meille on olennaista oppia elämänhallintaa voidaksemme olla oikeasti onnellisia elämässämme. Sanatana Dharma on kokonaisvaltainen elämänhallinnan tiede.

Intian pyhät kirjoitukset kuten *Upanishadit, Bhagavad-Gita, Brahmasutra, Ramayana* ja *Mahabharata* sisältävät ikuisia totuuksia, joiden puoleen kaikkina aikoina elävät ihmiset voivat kääntyä. Nämä tekstit eivät ole kiihkoilevia vaan järkeen perustuvia. Niiden oppeja kuka hyvänsä voi soveltaa käytäntöön. Sanatana Dharman kirjoituksia voi kuka hyvänsä ymmärtää, aivan niin kuin terveyttä, psykologiaa tai yhteiskuntatieteitä käsitteleviä kirjoituksia. Sanatana Dharman periaatteiden omaksuminen johtaa onnellisuuteen ja koko ihmiskunnan kehittymiseen.

ॐ

*Kysymys:* Miksi meidän pitäisi uskoa Jumalaan?

*Amma:* On mahdollista elää elämänsä uskomatta Jumalaan. Mutta silloin kun kohtaamme vaikeuksia meidän tulee turvautua Jumalaan voidaksemme edetä horjumattomin askelin. Meidän tulisi olla valmiita seuraamaan Jumalan polkua.

Elämä ilman Jumalaa on kuin oikeuden istunto, jossa kaksi asianajajaa väittelevät ilman tuomaria. Tuolloin oikeuskäsittely ei johda mihinkään. Jos he jatkavat ilman tuomaria, päätöstä ei synny.

Me palvelemme Jumalaa voidaksemme kehittää sisällämme olevia jumalallisia ominaisuuksia. Itse asiassa uskoa ei tarvita, jos kykenet omaksumaan nuo ominaisuudet ilman sitä. Uskoimmepa tai emme, Jumala on olemassa, ja riippumatta siitä tunnustammeko me tätä vai emme, totuus ei muutu siitä mitenkään.

Maan painovoima on tosiasia. Se ei lakkaa olemasta, vaikka emme uskoisikaan siihen. Jos kiellämme painovoiman olemassaolon ja hyppäämme korkealta paikalta, joudumme hyväksymään totuuden putoamisesta aiheutuneiden haitallisten seurausten myötä. Tällainen todellisuuden kieltäminen on kuin loisi ympärilleen pimeyden sulkemalla silmänsä. Tunnustamalla Jumalan universaalina totuutena ja eläen tämän totuuden mukaisesti voimme kulkea elämän läpi vaivattomasti.

ॐ

*Kysymys:* Mikä periaate on kuvien palvomisen taustalla?

*Amma:* Hindut eivät oikeastaan palvo kuvia itsessään. He palvovat Korkeinta Voimaa, jota kuvat edustavat. Kun pieni poika näkee maalauksen isästään, hän ajattelee isäänsä eikä taiteilijaa, joka maalasi taulun. Kun nuori mies näkee rakastamansa naisen antaman kynän tai nenäliinan, hän ajattelee rakastettuaan eikä itse esinettä. Hän ei luovu esineestä mistään hinnasta. Hänelle se ei ole vain tavallinen kynä tai nenäliina, hän tuntee rakastamansa naisen esineessä.

Jos arkipäiväinen esine voi synnyttää näin voimakkaita tunteita rakastuneessa miehessä tai naisessa, ajattele, miten arvokas jumaluutta esittävä kuva on henkiselle etsijälle, jolle se on muistutus Jumalasta. Tällöin Jumalaa esittävä veistos ei ole hänelle vain pala kiveä, vaan korkeimman tietoisuuden ilmentymä.

Jotkut kysyvät: "Eikö avioliiton solmiminen ole kuin sitoisi solmun?" On totta, että vihkiseremoniassa kaulan ympärille kiedotaan vain tavallinen ketju[9]. Mutta ajatelkaa, kuinka paljon arvoa annamme tuolle ketjulle ja tuolle hetkelle.

---

[9] Perinteisessä hindulaisessa hääseremoniassa morsiamen kaulaan laitetaan kaulakoru. Nainen käyttää korua koko avioliittonsa ajan, ja se symboloi kestävää sidettä aviopuolisoiden välillä.

Tuo hetki muodostaa elämämme perustan. Seremonian merkityksellä ei ole mitään tekemistä ketjun arvon kanssa, vaan itse elämän arvon kanssa. Samalla tavoin, jumalallisen veistoksen arvo ei ole kivessä. Se on korvaamaton, koska se edustaa maailmankaikkeuden isää tai äitiä. Joku voi tietämättömyyttään nähdä veistoksen vain kivenlohkareena. Rituaalinen palvonta alkaa yleensä päätöksellä: 'Minä palvon Jumalaa tässä kuvassa'.

Tavallisen ihmisen saattaa olla vaikea palvoa kaikenläpäisevää korkeinta tietoisuutta ilman sitä edustavan symbolin apua. Jumalan kuva voi auttaa suuresti antaumuksen kehittämisessä ja mielen keskittämisessä. Seisomme kuvan edessä, ja sitten rukoilemme silmät suljettuina. Näin kuva auttaa meitä keskittämään mielemme sisäänpäin ja herättämään jumalallisen olemuksen sisällämme.

Tällaisen palvonnan taustalla on myös toinen tärkeä periaate. Kultaiset rannerenkaat, korvakorut, kaulakorut ja sormukset on tehty samasta metallista, kullasta. Samalla tavoin, Jumala on kaiken perusta. Meidän tulisi ymmärtää moninaisuuden takana oleva ykseys. Olipa kyseessä sitten Shiva, Vishnu tai Muruga (Subramania)[10] meidän tulisi olla tietoisia näiden kaikkien ykseydestä. Meidän tulee ymmärtää, että eri muodot ovat yhden ja saman Jumalan eri ilmentymiä. Eri muotoja omaksutaan, koska ihmiset kuuluvat eri kulttuureihin. Näin jokainen voi valita häntä eniten miellyttävän muodon.

Meidän tulee ensin puhdistaa peili pölystä ja liasta voidaksemme nähdä kasvomme selvästi. Samaten, vain poistamalla mielemme epäpuhtaudet voimme nähdä Jumalan. Esi-isämme vakiinnuttivat kuvien palvonnan ja muut harjoitukset osaksi Sanatana Dharmaa, jotta ihmismielet voisivat puhdistua ja saavuttaisimme siten keskittyneen mielentilan. Sanatana Dharman mukaan meidän tulee etsiä Jumalaa sisältämme, ei jostakin ulkopuolelta. Kun koemme Jumalan sisällämme, kykenemme näkemään Hänet kaikkialla.

Jumalalla ei ole sisä- tai ulkopuolta. Jumala on jumalallinen tietoisuus, joka on läsnä kaikkialla, läpäisten kaiken. Käsityksen sisä- ja ulkopuolesta

---

[10] Muruga on jumala, joka avustaa sielujen kehittymistä, erityisesti joogaa harjoittaessa. Hän on Ganeshan veli ja Shivan toinen poika.

aiheuttaa yksilöllinen identiteettimme, 'minä'-
tunteemme. Nykyisellään meidän mielemme
ovat kääntyneet ulospäin, eivät sisäänpäin. Mieli
on kiintynyt moniin ulkoisiin kohteisiin ja pitää
niitä ominaan. Kuvien palvonnan tarkoituksena
on saada mieli kääntymään jälleen sisäänpäin ja
herättää meissä jo oleva jumalallinen tietoisuus.

🕉

*Kysymys:* Jotkut kritisoivat hinduismia, koska siinä
harjoitetaan kuvien palvontaa. Onko tälle arvos-
telulle todellista perustaa?

*Amma:* Ei ole selvää, miksi kukaan haluaisi kri-
tisoida sitä. Kuvien palvontaa on muodossa tai
toisessa kaikissa uskonnoissa – kristinuskossa, isla-
missa, buddhalaisuudessa, ja niin edellcen. Ainoa
ero on kuvassa ja palvontamenetelmässä. Kristin-
uskossa ei uhrata makeita ruokalajeja tai kukan
terälehtiä, sen sijaan kristityt sytyttävät kyntti-
löitä. Kristitty pappi tarjoaa leipää Kristuksen
ruumiina ja viiniä hänen verenään. Ja kun hindut
polttavat kamferia, kristityt polttavat suitsukkei-
ta. Kristityt myös näkevät ristin uhrautumisen ja

päitsekkyyden symbolina. He polvistuvat Kristuksen hahmon eteen ja rukoilevat.

Muslimit pitävät Mekkaa pyhänä ja kumartuvat siihen suuntaan. He istuvat Kaaban edessä rukoillen ja mietiskellen Jumalan ominaisuuksia. Kaikki nämä rukoukset on tarkoitettu herättämään sisällämme olevia positiivisia ominaisuuksia.

Malayalamin kielessä lapsi oppii ensin helppoja konsonantteja kuten *k* ja *g*, ja myöhemmin lapsi oppii yhdistelemään eri äänteitä. Englannin opiskelu taas aloitetaan *a*, *b* ja *c* –kirjaimista. Samoin kaikki erilaiset palvonnan muodot johtavat sisällämme olevien jumalallisten ominaisuuksien kehittymiseen.

ॐ

*Kysymys:* Mitä kuvien palvontaan tulee, eikö meidän pitäisi veistoksen sijaan palvoa kuvanveistäjää, joka teki jumalallisen hahmon?

*Amma:* Kun näet maasi lipun, kunnioitatko lippua vai sen ommellutta vaatturia? Tai kenties kankaankutojaa tai henkilöä, joka kehräsi langan? Tai maanviljelijää, joka kasvatti puuvillan? Kukaan ei vaivaudu ajattelemaan noita henkilöitä. Sen sijaan muistamme maan, jota lippu edustaa.

Samoin, kun näemme Jumalaa esittävän veistoksen, emme ajattele kuvanveistäjää vaan Jumalaa, koko maailmankaikkeuden jumalallista kuvanveistäjää. Jumala on lähde, josta taiteilija saa innoituksensa ja voimansa veistoksen luomiseen. Jos me olemme yksimielisiä siitä, että veistoksella täytyy olla tekijä, niin miksi meidän on sitten vaikea uskoa siihen, että tällä maailmankaikkeudellakin on oma kuvanveistäjänsä, oma Luojansa?

Palvomalla jumalallista kuvaa kehitämme tarvittavaa sydämen laajuutta, jotta voimme rakastaa ja kunnioittaa jokaista elävää olentoa, myös kuvan tehnyttä taiteilijaa. Kun rukoilemme ja eläydymme siihen, että Jumala on kuvan tai veistoksen sisällä, me puhdistumme sisäisesti ja kohoamme tasolle, jossa voimme kokea ja palvoa Jumalaa kaikessa. Tämä on kuvien palvonnan tarkoitus. Siinä missä aineellisesta maailmasta kertovat symbolit rajoittavat meitä, symbolit jotka herättävät tietoisuutemme Jumalasta, johtavat meidät avarakatseiseen tilaan, kauas rajoitusten tuolle puolen. Kuvien palvonta auttaa meitä näkemään Jumalan kaikkialla.

ॐ

*Kysymys:* Mistä kuvien palvonta sai alkunsa?

*Amma: Satyayugan*[11], totuuden aikakauden, aikana demonikuningas Hiranyakashipun nuorin poika Prahlada julisti vastauksena isänsä kysymykseen: "Jumala on jopa tässä pylväässä!". Silloin Jumala ilmestyi pylväästä jumalallisen ihmisleijonan, Narasimhan muodossa. Kun kaikkialla läsnäoleva Jumala ilmestyi pylväästä tehden näin Prahladan julistuksesta totta, me voimme sanoa, että tässä meillä on ensimmäinen esimerkki kuvien palvonnasta.

Prahladan tarina on kuuluisa. Demonikuningas Hiranyakashipu halusi kukistaa kaikki kolme maailmaa[12] ja varmistaa, ettei hän koskaan kuolisi. Niinpä hän harjoitti ankaraa askeesia miellyttääkseen Brahmaa, Luojaa.

---

[11] *Satyayugaan* viitataan kultaisena aikakautena. *Yugia* eli aikakausia on yhteensä neljä. Katso sanasto.

[12] Taivas, maa ja manala.

Brahma oli tyytyväinen hänen askeesiinsa ja ilmestyi Hiranyakashipulle tarjoten hänelle lahjaa. Demonikuningas sanoi: "Haluan lahjaksi sen, että mikään luomakunnassasi ei voi tappaa minua. Kuolema ei saa koskettaa minua rannalla tai vedessä, ei maassa eikä taivaassa. En halua kuolla huoneen sisällä enkä sen ulkopuolella, päivällä enkä yöllä. Minua eivät saa tappaa miehet eivätkä naiset, taivaalliset olennot (*devat*) eivätkä demonit (*asurat*), eivätkä mitkään selkärankaiset ihmiset eikä eläimet. Mikään ase ei saa myöskään surmata minua. Brahma siunasi hänet sanoen, "Olkoon niin!", ja katosi.

Mutta kun kuningas oli harjoittamassa askeesia, jotakin tapahtui. Hänen poissa ollessaan taivaalliset olennot löivät demonit taistelussa. Indra, taivaallisten olentojen kuningas vangitsi Hiranyakashipun raskaana olevan vaimon Kayadhun ja vei hänet mukanaan. Matkalla hän tapasi tietäjä Naradan. Tämän neuvosta Indra jätti Kayadhun Naradan erakkomajaan ja palasi taivaalliseen maailmaan. Tuona ajanjaksona, jonka Kayadhu vietti Naradan luona, tietäjä opetti hänelle *Bhagavatamin* ytimen, ja hänen kohdussaan ollut lapsi kuuli tämän keskustelun.

Suoritettuaan askeesinsa loppuun Hiranya-kashipu palasi takaisin ja kukisti devat taistelussa. Sitten hän meni tietäjän erakkomajalle ja haki vaimonsa takaisin palatsiinsa. Brahmalta saatu lupaus kuolemattomuudesta kasvatti Hiranyakashipun egoa. Hän valloitti kaikki kolme maailmaa ja teki devoista palvelijoitaan. Hän vainosi tietäjiä ja jumalanpalvojia ja tuhosi heidän *yagayajnansa*, *vediset* uhrirituaalinsa. Hän julisti, ettei kukaan saanut toistaa muuta mantraa kuin *Hiranyaya namaha*, tervehdys Hiranyalle eli hänelle itselleen.

Jonkin ajan kuluttua hänen vaimonsa synnytti pojan. Lapselle annettiin nimeksi Prahlada. Koska hän muisti kaikki Naradan opetukset, hänestä kasvoi Vishnu-jumalan palvoja. Kun Prahladan oli aika aloittaa opiskelunsa, hänen isänsä lähetti hänet *gurukulaan*[13]. Jonkin ajan kuluttua kuningas tahtoi nähdä, mitä hänen poikansa oli oppinut ja niinpä hän kutsui Prahladan takaisin palatsiinsa ja kysyi pojalta, mitä tämä oli oppinut. Prahlada sanoi: "Vishnua tulisi

---

[13] *Ashram*, jossa oppilaat asuvat ja opiskelevat elävän gurun opastuksella. Ennen vanhaan gurukulat olivat sisäoppilaitoksen tapaisia kouluja, joissa lapsille annettiin peruskoulutusta *Vedoihin* perustuen.

palvoa yhdeksällä eri menetelmällä: kuuntelemalla hänen tarinoitaan, laulamalla hänen kunniaansa, muistamalla häntä, palvelemalla hänen jalkojaan, palvomalla häntä itseään, tervehtimällä häntä, olemalla hänen palvelijansa, olemalla hänen ystävänsä ja antautumalla kokonaan hänelle." Poika ei ollut oppinut tätä koulussa, hän oli kuullut sen ollessaan äitinsä kohdussa. Kun Hiranyakashipu kuuli poikansa sanovan, että Vishnua, Hiranyakashipun vihollista tulisi palvoa, hän raivostui niin paljon, että käski sotilaidensa tappaa poikansa. Sotilaat yrittivätkin tappaa poikaa useilla eri tavoin, mutta he epäonnistuivat yrityksissään. Lopulta Hiranyakashipu luovutti ja lähetti poikansa takaisin *gurukulaan*, jotta tämän antaumus katoaisi. Mutta sen sijaan muistakin koulun *asura*lapsista tuli Prahladan neuvojen mukaan Herran palvojia. Kun Hiranyakashipu sai kuulla tästä, hän raivostui taas ja kysyi pojaltaan: "Jos kolmea maailmaa hallitsee jokin muu Jumala kuin minä, niin missä hän on?" "Jumala on kaikkialla," Prahlada vastasi. "Onko hän tässä pylväässä?" Hiranyakashipu karjaisi. "Kyllä, hän on myös pylväässä," Prahlada sanoi. Hiranyakashipu vastasi lyömällä pylvästä voimakkaasti nyrkillään. Pylväs halkesi kahtia ja sen sisältä ilmestyi raivokas Narasimha, jumalallinen ihmisleijona. Tämä tapahtui iltahämärissä. Jumala istuutui palatsin kynnykselle, asetti demonikuninkaan syliinsä ja tappoi hänet repimällä hänen rintansa auki käyttäen pelkästään kynsiään.

Näin Prahladan viattomasta sydämestä kummunneet sanat kävivät toteen. Tämä oli kuvien palvonnan alku. Hänen uskonsa oli niin luja, että hän uskoi Jumalan olevan jopa pylväässä ja tämän horjumattoman vakaumuksensa ansiosta hänen uskonsa toteutui. Meidän tulisi tarkastella tarinan takana olevaa periaatetta. Kaikkivaltias Jumala voi ottaa minkä hyvänsä muodon. Jumalalla voi olla ominaislaatuja tai Hän voi olla ilman niitä. Suolavesi voi muuttua suolakiteiksi ja suolakiteet suolavedeksi.

Tarina paljastaa myös toisenkin totuuden: ihmisten rajoittuneisuuden. Jumalan älykkyys on kaukana maan älykkäimmän ja voimakkaimman ihmisen ymmärryskyvystä. Ihmisen älykkyys on rajoittunut, mutta Jumalan älykkyydellä ei ole rajoja.

Hiranyakashipu oli muotoillut pyyntönsä ikuisesta kuolemattomuudesta huolellisesti, ja kun hänelle annettiin tämä lahjaksi, hän uskoi lujasti, ettei kukaan voisi lyödä häntä. Mutta hän ei tuntenut Jumalaa, jolla on ratkaisu kaikkeen. Ei päivä eikä yö. Ratkaisu: iltahämärä. Ei vedessä eikä maalla: Jumala asetti demonikuninkaan syliinsä. Ei ulkona eikä sisällä: hän istui oven kynnyksellä. Ei ihminen eikä eläin: Jumala otti ihmisleijonan muodon. Asetta ei saanut käyttää: hän tappoi kuninkaan kynsillään. Siten Narasimhan hahmon omaksunut Jumala surmasi epäoikeudenmukaisen Hiranyakashipun rikkomatta yhtäkään Brahma-jumalan antamaa lupausta.

Jumala on ihmisen älykkyyden saavuttamattomissa. On vain yksi tapa oppia tuntemaan Jumala: uhraamalla itsensä kokonaan ja hakien turvaa Hänen jalkojensa juuresta täydellisesti antautumalla.

Ihmisellä on sekä (egoon kuuluvaa) älyä että erottelukykyä. Erottelukyky (*viveka*) on puhdasta älyä, siinä ei ole epäpuhtautta. Se on kuin peili, josta Jumala heijastuu selvästi. Mutta vain ne, jotka antautuvat Jumalalle, voivat rikkoa inhimillisen älyn rajoitukset ja menevät sen tuolle puolen.

Jotkut kysyvät: "Voiko Jumalan nähdä omilla silmillään? En usko siihen, mitä en voi nähdä." Mutta ihminen on rajoittunut kaikin tavoin. Näkö- ja kuuloaistimme ovat hyvin rajoittuneet. Ihmiset eivät tule ajatelleeksi tätä.

Ammalla on kysymys. Et voi nähdä virtaa sähköjohdossa. Väitätkö, ettei virtaa ole vain siksi, että et kykene näkemään sitä? Jos kosket siihen, saat sähköiskun. Se on kokemus.

Oletetaan, että päästät linnun vapaaksi. Se lentää aina vain korkeammalle, kunnes lopulta sitä ei voi enää nähdä. Sanommeko, että lintua ei ole enää olemassa, koska emme voi nähdä sitä? Mitä järkeä on uskoa vain sellaiseen, mikä sattuu osumaan rajoittuneeseen näkökenttäämme?

Tuhannet ihmiset saattavat sanoa lausunnoissaan, etteivät he nähneet rikosta, mutta tuomarille se ei todista mitään. Todiste on yhden silminnäkijän kertomuksessa. Samoin, vaikka monet väittäisivät, ettei Jumalaa ole olemassa, se ei todista mitään. Todiste on Jumalan omakohtaisesti kokeneiden pyhien tietäjien sanoissa.

Ateisti kulki ympäriinsä väittäen, ettei Jumalaa ole olemassa. Hän tuli ystävänsä talolle. Sisällä talossa oli kaunis karttapallo. "Oi, miten kaunis tämä onkaan. Kuka sen on tehnyt?", ateisti kysyi. Jumalaan uskova ystävä sanoi: "Jos tällä keinotekoisella maapallon mallilla on tekijä, myös oikean maapallon luomakunnalla on oma Luojansa."

Sanotaan, että siemen sisältää puun. Jos poimit maasta siemenen ja katsot tai puraiset sitä, et näe puuta. Mutta, jos istutat sen ja näet hieman vaivaa sen eteen, silloin se kehittyy taimeksi. On hyödytöntä vain puhua jostakin; meidän tulee ponnistella asian eteen. Vain siten voimme korjata tekojemme hedelmät.

Tiedemiehellä on uskoa käynnistämiinsä kokeiluihin. Hän saattaa epäonnistua useissa yrityksissään, mutta silti hän ei luovuta. Hän jatkaa kokeitaan, toivoen menestystä seuraavissa yrityksissä.

Ajatelkaa, kuinka monta vuotta kestää valmistua lääkäriksi tai insinööriksi. Opiskelijat eivät valita, että on mahdotonta odottaa niin kauan. Vain siksi koska he jatkavat antautumuksellisesti opintojaan, he saavuttavat päämääränsä.

Emme voi nähdä Jumalaa silmillämme. Jumala on kaiken perusta. Mitä voi vastata kysymykseen, kumpi tuli ensin, mangopuu vai sen siemen? Puun syntyyn tarvitaan siementä, mutta siemeniä saadaan vain puista. Niinpä puun ja siemenen takana on erillinen aiheuttaja. Se on Jumala. Jumala on kaiken luoja ja perusta. Keino Jumalan tuntemiseen on vaalia sisäisesti jumalallisia ominaisuuksia ja luovuttaa egomme Jumalalle. Silloin me koemme Jumaluuden.

Prahlada on esimerkki korkeimmasta antaumuksen laadusta. Olisi vaikeaa löytää toista niin antautunutta oppilasta. Kun epäonnistumme jossakin, syytämme yleensä muita ja pakenemme paikalta. Lisäksi, kun elämässämme ilmenee vaikeuksia, uskomme yleensä murenee ja syytämme Jumalaa. Mutta katsokaa Prahladaa: hänen isänsä sotilaat yrittivät tappaa hänet työntämällä hänet veden alle, he heittivät hänet kiehuvaan öljyyn, työnsivät alas vuorelta ja sytyttivät hänet tuleen. He yrittivät yhä uudelleen ja uudelleen surmata hänet, mutta kertaakaan Prahladan usko ei horjunut edes hiukan. Horjumattoman uskonsa vuoksi hänelle ei tapahtunut minkäänlaista vahinkoa. Kun hänen henkeään uhattiin, hän toisti mantraa: *"Narayana, Narayana!"* Hänelle syötettiin monia valheita, jotta hänen uskonsa Jumalaan tuhoutuisi: "Sri Hari (Vishnu) ei ole Jumala! Hän on varas! Sellaista asiaa kuin Jumala ei ole olemassakaan" ja niin edelleen. Mutta silloinkin Prahlada jatkoi keskittyneesti Jumalan nimen toistamista.

Useimmiten, kun me kuulemme jotakin negatiivista jostakin henkilöstä, meidän luottamuksemme häneen katoaa. Jos kohtaamme elämässämme kärsimystä, menetämme uskomme. Antaumuksemme on vain osa-aikaista antaumusta. Huudamme Jumalaa vain kun tarvitsemme jotakin, muulloin emme muista Häntä lainkaan. Ja jos halujamme ei täytetä, meidän uskomme katoaa. Tällainen on meidän tilamme. Sen sijaan huolimatta kaikista läpikäymistään vaikeuksista, Prahlada ei koskaan menettänyt uskoaan. Hänen uskonsa vain voimistui jokaisen kriisin myötä. Mitä enemmän hankaluuksia ilmaantui, sitä lujemmin hän piti kiinni Jumalan jaloista. Näin täydellinen oli hänen antaumuksensa Jumalalle. Sen seurauksena Prahladasta tuli kuin soihtu, joka antaa valoa koko maailmalle. Vielä nykyäänkin hänen tarinansa ja hänen antaumuksensa levittävät valoa tuhansien ihmisten sydämiin.

Prahlada erottui joukosta antaumuksensa ja ei-kaksinaisuuden (*advaita*) oivaltamisensa takia. Mihin tahansa tällä tavoin antautunut henkilö koskeekaan, se "muuttuu kullaksi". Tällainen on egosta, itsestä luopuneen asenteen vaikutus.

Prahladan antaumus johti myös hänen isänsä Hiranyakashipun vapautumiseen. Kuollessaan Jumalan käsiin, hän saavutti vapautuksen. Tämä tarkoittaa, että Hiranyakashipun omaan kehoon samastuminen poistettiin ja hänelle annettiin tietoisuus todellisesta Itsestä (*atmanista*). Keho ei kestä ikuisesti. Hiranyakashipu joutui oman kokemuksensa kautta ymmärtämään, että vain Itse on ikuinen.

Ihmiset ovat todella mitättömiä, mutta silti he ylpeilevät omalla älykkyydellään ja omilla kyvyillään, ja arvostelevat Jumalaa. Jumala on kaiken mahdollisen ihmisälykkyyden taustalla oleva tekijä. Jumala saavutetaan rishien

neuvomien henkisten harjoitusten avulla, ja yksi
näistä harjoituksista voi olla kuvien palvominen.

ॐ

*Kysymys:* Hindulaisuudessa palvotaan 300 mil-
joonaa eri jumalhahmoa. Onko jumalia todella
enemmän kuin yksi?

*Amma:* Hindulaisuudessa on vain yksi Jumala.
Hindulaisuus ei vain opeta, että on olemassa yksi
Jumala vaan myös, että maailmankaikkeudessa ei
ole mitään muuta kuin Jumala. Jumala ilmenee
kaikkialla maailmankaikkeudessa. Jumala on
tietoisuus, joka läpäisee kaiken. Hän on kaikkien
nimien ja muotojen tuolla puolen. Mutta hän voi
myös ottaa minkä tahansa muodon siunatakseen
seuraajaansa. Hän voi näyttäytyä lukuisissa eri
muodoissa tai jumalallisissa mielentiloissa. Tuuli
voi ilmetä lempeänä henkäyksenä, voimakkaana
puuskana tai raivoavana myrskynä. Mikä ilmen-
tymä olisi mahdoton Jumalalle, joka säätelee jopa
myrskyä? Kuka voi kuvailla hänen kunniaansa?
Aivan niin kuin ilma voi olla liikkumatta tai
puhaltaa tuulena ja vesi voi muuttua höyryksi tai

jääksi, Jumala voi omaksua tai olla omaksumatta ominaisuuksia. Kyse on yhdestä ja samasta Jumalasta, jota hindut palvovat eri muodoissa: Shivana, Vishnuna, Ganeshana, Murugana, Durgana, Saraswatina ja Kalina.

Ihmisten makutottumukset vaihtelevat. Yksilöt kasvavat eri ympäristöissä ja kulttuureissa. Sanatana Dharmassa ihmisillä on vapaus palvoa Jumalaa missä hyvänsä muodossa, joka sopii heidän mieltymyksiinsä ja henkiseen tiehensä. Siksi eri jumalhahmot ilmestyivät hindulaisuuteen. Ne eivät ole eri jumalia, vaan ne ovat saman Jumalan eri ilmenemismuotoja.

ॐ

*Kysymys:* Jos Jumala on kaikkialla, mihin temppeleitä tarvitaan?

*Amma:* Yksi Sanatana Dharman ominaispiirre on se, että se kohtaa jokaisen yksilön hänen omalla tasollaan kohottaakseen häntä henkisesti. Ihmisillä on erilaisia *samskaroita* (ominaisuuksia). Jokaista yksilöä täytyy ohjata hänen taipumustensa mukaisesti. Jotkut potilaat ovat allergisia tietyille lääkkeille, ja niinpä heille täytyy antaa vaihtoehtoista lääkettä. Samoin, jokaisen ihmisen yksilölliset henkiset ja fyysiset ominaisuudet pitää ottaa huomioon ja hänelle tulee määrätä juuri hänen samskaroihinsa sopivia menetelmiä. Näin erilaisia perinteitä luotiin. Antaumuksen polku, epäitsekkään toiminnan polku, erilaisia ominaisuuksia omaavan sekä muodon tuolla puolen olevan Jumalan palvominen – tällä tavoin kaikki eri polut kehittyivät. Mutta ne kaikki jakavat saman perustan, joka on erottelukyky ikuisen ja hetkellisen välillä.

*Archanan*[14], antaumuksellisen laulamisen ja rituaalisen palvonnan tavoite on sama. Sokea lapsi oppii aakkoset kosketuksen kautta, kuuroa taas opetetaan viittomisen avulla. Jokaista täytyy ohjata hänen ymmärryksensä tason mukaisesti. Temppeleitä tarvitaan ylentämään tavallisia ihmisiä, tuomalla Jumala fyysiselle tasolle. Me emme voi torjua tai jättää huomiotta ketään.

Vaikka ilmaa on kaikkialla, tunnemme sen käsin kosketeltavalla tavalla tuulettimen vieressä. Puun alla voi tuntea erityislaatuisen viileyden, jota ei koe missään muualla - tunnet tuulen

---

[14] Jumalanpalvonnan muoto, jossa lausutaan jumalallisia nimiä, yleensä 108, 300 tai 1000 nimeä kerrallaan.

henkäyksen ja sen raikkauden. Samaan tapaan, palvoessamme Jumalaa Häntä edustavan muodon kautta, voimme tuntea Hänen jumalallisen läsnäolonsa selvemmin. Vaikka aurinko paistaa kaikkialle, huoneessa jonka ikkunoiden edessä on verhot, tarvitaan lampun valoa. Lehmä on täynnä maitoa, mutta me emme voi silti lypsää lehmää korvista vaan ainoastaan sen utareista. Jumala on kaikkialla, mutta Hänen läsnäolonsa voivat tuntea helpommin ne, jotka käyvät temppelissä. Usko on kuitenkin olennaista. Usko virittää mielen. Vaikka Jumala on läsnä temppelissä, ne, joilta puuttuu uskoa, eivät koe Hänen läsnäoloaan. Usko antaa meille tuon kokemuksen.

Amma ja muutamat hänen intialaisista lapsistaan katselivat kerran länsimaisten parien esittämää tanssiesitystä. Yksi Amman tyttäristä[15] oli järkyttynyt siitä, miten parit pitivät toistensa käsistä kiinni tanssiessaan. "Voi ei, minkälaista tanssia tuo oikein on?", hän huudahti. "Mies ja nainen tanssivat noin lähellä toisiaan!" Amma kysyi häneltä: "Jos Shiva ja Parvati tanssisivat

---

[15] Amma viittaa aina oppilaisiinsa ja seuraajiinsa lapsinaan tai tyttärinään ja poikinaan.

noin läheisesti, kokisitko sen loukkaavana?"
Näkisimme jumaluuden tanssissa, eikä meillä
olisi mitään ongelmaa sen kanssa. Puhuessam-
me Shivasta ja Parvatista siinä on pyhyyttä ja
uskoa. Niinpä se tanssi olisi ylevää. Toisaalta,
koska me emme kykene näkemään Jumalaa näi-
den miesten ja naisten tanssissa, paheksumme
heidän käytöstään. Mieli on ratkaiseva tekijä.
Voimme kokea Jumalan keskittymällä lujasti
siihen, mihin uskomme.

Palvontapaikoilla, missä lukuisat ihmiset
rukoilevat keskittyneellä mielellä, on ainut-
laatuinen ominaislaatunsa, jollaista ei löydy
muualta. Baarissa tai viinakaupassa on eri-
lainen ilmapiiri kuin toimistossa. Tunnelma
temppelissä ei ole samanlainen kuin baarissa.
Baarissa menetät mielenterveytesi, temppelissä
taas saavutat sen. Positiivisten ajatusten väräh-
telyt läpäisevät palvontapaikat. Nämä auttavat
kiihtynyttä mieltä rauhoittumaan. Hajuvesiteh-
taan ilma on erityinen, täynnä ihanaa tuoksua,
kun taas kemikaalitehtaan ilmapiiri on täysin
erilainen. Temppelin antaumusta täynnä oleva
ilmapiiri ja pyhät värähtelyt auttavat meitä kes-
kittämään mielemme ja herättämään rakkauden

ja antaumuksen sisällämme. Temppeli on kuin peili. Peilistä voimme selvästi nähdä lian kasvoillamme, ja siten peili auttaa meitä puhdistamaan kasvomme. Näin temppelissä tapahtuva palvonta auttaa meitä puhdistamaan sydämemme. Temppelipalvonta on ensimmäinen vaihe Jumalan palvomisessa. Temppeli ja sen sisällä oleva kuva tai patsas antavat meille mahdollisuuden palvoa Jumalaa henkilökohtaisella tavalla ja luoda suhde Häneen. Mutta vähitellen meidän tulee kehittää kykyä nähdä jumalallinen tietoisuus kaikkialla. Tämä on mahdollista, jos temppelipalvonta on suoritettu huolella - tämä on temppelipalvonnan todellinen päämäärä.

Näytämme lapsille kuvia erilaisista linnuista ja sanomme: "Tämä on papukaija, tässä on kottarainen". Kun lapset tulevat vanhemmiksi, he eivät enää tarvitse kuvia lintujen tunnistamiseen. Kuvat ovat tarpeen vain alkuvaiheessa. Todellisuudessa kaikki on Jumalaa, mikään ei jää Hänen ulkopuolelleen.

Rappukäytävä ja talon ylin kerros on rakennettu samasta tiilestä ja sementistä. Tämä selviää kuitenkin vasta kun pääsemme ylimpään kerrokseen – ja me tarvitsemme portaita päästäksemme sinne. Tämä kuvaa temppelistä saamaamme hyötyä.

Usein sanotaan, että voit syntyä temppelissä, mutta älä kuole sinne. Voimme käyttää temppeliä välikappaleena Jumalan etsimisessä, mutta meidän ei tulisi kiintyä siihen. Vain vapautuminen kaikista kiintymyksistä tekee meistä täysin vapaita. Meidän ei tulisi ajatella, että Jumala on vain temppelissä. Kaikki on täynnä tietoisuutta, korkeinta tietoisuutta. Mikään ei ole elotonta. Palvonnan avulla voimme saavuttaa kyvyn nähdä kaikki Jumalan olemuksena, ja kyvyn rakastaa ja palvella kaikkia. Saavutamme syvän hyväksymisen asenteen kaikkea kohtaan. Meidän tulee oivaltaa, että me itse ja kaikki ympärillämme oleva on Jumalaa. Meidän tulee kehittää kykyä nähdä kaikki yhtenä, samalla tavoin kuin me näemme itsemme. Mitä tai ketä voisimme vihata, jos näemme kaiken Jumalana? Temppelin ja rituaalien tarkoitus on ohjata meitä tähän tilaan.

Valtameri ja sen aallot vaikuttavat erillisiltä, mutta ne ovat molemmat vettä. Rannerenkaat, kaulakorut ja sormukset näyttävät erilaisilta ja niitä pidetään eri ruumiinosissa, mutta todellisuudessa ne ovat kaikki kultaa. Kullan näkökulmasta ne ovat kaikki samaa materiaalia eikä niiden välillä ole eroa. Mutta ulkopuolelta tarkasteltuna niiden muoto on erilainen. Samalla tavoin, meidän ympärillämme olevat asiat saattavat vaikuttaa erillisiltä, mutta todellisuudessa ne ovat yhtä. Ne ovat Brahman, Absoluuttinen Todellisuus. Vain Se on olemassa. Ihmiselämän tarkoitus on ymmärtää ja kokea tämä. Kokiessasi tämän oivalluksen, ongelmasi katoavat kokonaan, aivan niin kuin pimeys, joka häviää auringon noustessa.

Nykyään tiedemiehet sanovat, että kaikki koostuu energiasta. Rishit menivät askeleen pidemmälle julistaen, että kaikki on tietoisuutta, Korkeinta Tietoisuutta. *Sarvam brahmamayam* – "Kaikki on Brahmania, Korkeinta Itseä" – tällainen oli rishien kokemus.

Mutta oivaltaaksemme tämän, meidän on ylitettävä käsitys siitä, että Jumala olisi vain temppelissä. Meidän tulee nähdä Jumala kaikessa. Saavuttaaksemme tämän, temppelipalvonta tulee suorittaa pitämällä tämä periaate mielessä. Itse asiassa me palvomme sisällämme olevaa Itseä. Koska useimpien ihmisten on vaikea ymmärtää tätä, heijastamme Jumalan peilin lailla kuvaan ja palvomme Häntä siinä. Temppelipalvonnan avulla meidän tulee rakentaa temppeli sisällemme. Siten voimme nähdä Jumalan kaikkialla. Se on temppelipalvonnan tarkoitus. Näin me itse asiassa teemmekin, kun seisomme pyhätön edessä: vilkaisemme kuvaa ja suljemme sitten silmämme. Silloin me näemme sisällämme saman Jumalan kuvan, jonka näimme ulkoisesti pyhätössä ja toivomme näkevämme Jumalan kaikkialla, kun avaamme silmämme. Tällä tavoin voimme mennä muotojen tuolle puolen ja oivaltaa kaiken läpäisevän Itsen.

Monille Jumalan palvominen on osa-aikainen harrastus. Tarvitsemme täysipäiväistä antaumusta. Tietyn toiveen täyttymiseksi rukoileminen on osa-aikaista antaumusta. Tarvitsemme rakkautta ja antaumusta Jumalaa kohtaan. Vain ne johtavat korkeimpaan rakkauteen. Ainoa toiveemme tulisi olla kyky rakastaa Jumalaa. Vain sitä meidän tulisi rukoilla. Meidän tulisi aina keskittyä Jumalaan ja nähdä Hänet kaikkialla. Jumala on antanut meille voiman rukoilla. Jos Jumalan voima olisi poissa, emme voisi edes nostaa sormeamme. Täydellisesti antautunut on koko ajan tietoinen siitä, että yksin Jumalan voima saa meidät tekemään kaiken, minkä teemme. Näin voimme heittää pois tunteen 'minästä', joka on juurtunut keho-mieli-äly-tasolle, ja kokea itsemme kaiken läpäisevänä tietoisuutena.

Suuri runoilija Kalidasa meni pyhäkköön ja sulki oven. Jumalallinen Äiti tuli ja koputti ovelle. Kun ovi ei auennut, Hän kysyi: "Kuka on sisällä?" Vastaus tuli välittömästi: "Kuka on ulkona?" Jumalallinen Äiti kysyi uudelleen: "Kuka on sisällä?" ja sai saman vastauksen: "Kuka on ulkona?" Lopulta Jumalallinen Äiti vastasi: "Kali ulkona". Vastaus tuli: *"Dasa* (palvelija) sisällä!"

Vaikka Kalidasalta kysyttiin toistuvasti, hän ei paljastanut, kuka sisällä oli; hän ei koskaan sanonut nimeään. Vasta kun hän kuuli Kalin olevan ulkona, hän vastasi "palvelija sisällä". Sillä hetkellä hän saavutti täyden oivalluksen Kalista. Kun me menetämme tunteen 'minästä', jää jäljelle vain 'Sinä, Jumala'. Vähäpätöinen minä-identiteetti täytyy hylätä. Todellinen antaumus on tietoisuutta siitä, että 'Sinä olet kaikki! Sinä saat meidät toimimaan!' Tällä tavoin me

saavutamme kaiken, minkä jälkeen ei ole enää
mitään saavutettavaa.

Jumala on antanut meille näkökyvyn. Jumala
ei tarvitse valoa öljylampustamme, jonka sytyt-
tämiseen käytämme kymmenen rupiaa. Hän
ei tarvitse meiltä mitään. Turvautuessamme
Jumalaan, me itse hyödymme siitä. Temppe-
lissä uhrattu raha symboloi antaumustamme,
se auttaa meitä kehittämään antaumuksellista
asennetta. Lisäksi kun sytytämme öljylampun,
ilmapiiri puhdistuu liekin savusta. Meidän ei
pitäisi tehdä uhrausta vain saadaksemme toi-
veemme toteutumaan. Meidän ei tulisi ajatella,
että Jumalan voi lahjoa.

Edes paras valikoima siemeniä ei idä, jos
me vain pidämme niitä käsissämme. Meidän
täytyy irrottaa otteemme siemenistä ja istuttaa
ne maahan. Vain luopumalla niistä voimme
korjata sadon. Samoin asenne 'tämä on minun'
tai 'minun toiveeni pitää täyttyä' täytyy hylätä.
Meidän tulee kehittää asennetta: 'Kaikki on
yksin Sinun. Tapahtukoon Sinun tahtosi!" Vain
tällaisella luopumisella meidän antaumukses-
tamme tulee täydellistä.

Monet ihmiset luulevat antautumisen tarkoittavan vain sitä, että antamalla Jumalalle jotakin saamme minkä tahansa toivotun tuloksen. Mutta antautumista ei pitäisi ymmärtää näin. Nykyisellään me olemme vielä mielen ja älyn tasolla. 'Minä olen tämä keho. Olen sen ja sen poika tai tytär. Nimeni on se ja se.' Kaikki nuo 'minään' liittämämme määreet pitää hylätä.

Ego on ainoa asia, jonka me olemme itse luoneet, ja siitä meidän tulee luopua. Meidän täytyy luovuttaa egomme Jumalalle. Kun me luovumme egostamme, vain Jumalan luomat asiat jäävät jäljelle. Silloin meistä tulee huilu Hänen huulilleen tai ääni Hänen simpukankuoritorveensa. Noustaksemme tällaiselle laajuuden tasolle meidän tulee vain päästä eroon yksilöllisestä mielestämme, joka on oma luomuksemme. Kun käsitteistä 'minä' ja 'minun' on luovuttu, rajoittunutta yksilöä ei enää ole, on vain Se, joka läpäisee kaiken.

Siemen ei idä, jos se heitetään kalliolle. Se täytyy istuttaa maaperään. Samoin, jos haluamme saada todellisen hyödyn teoistamme ja ponnisteluistamme, meidän tulee päästä eroon egostamme. Meidän tulisi kehittää antautumisen asennetta. Sitten, Jumalan armosta, mitä tahansa voi tapahtua.

Meidän tulisi luovuttaa mielemme Jumalalle. Mutta me emme voi vain irrottaa mieltämme ja uhrata sitä. Niinpä uhraamme asioita, joihin mieli on kiintynyt mielen luovuttamisen vastineena. Jotkut rakastavat *payasamia* (makeaa riisiruokaa) ja niinpä he uhraavat sitä Jumalalle. Kun *payasam* myöhemmin jaetaan *prasadina* (siunattuna lahjana) köyhille lapsille, se palvelee toista tarkoitusta. Mieli on mitä voimakkaimmin kiintynyt varallisuuteen. Vapautuaksemme tuosta siteestä, me uhraamme rahaa temppelissä. Uhraamme myös kukkia temppelissä. Sydämemme uhraaminen on todellista antaumusta, ja sitä kukkien uhraaminen symboloi.

Sen sijaan, että vain vaatisimme Jumalaa antamaan meille sitä ja tätä, meidän tulisi kaivata jumalallisia ominaisuuksia kuten rakkautta, myötätuntoa ja sisäistä rauhaa. Toista mantraa, tee hyviä tekoja ja rukoile Jumalan armoa. Jumala antaa sinulle kaiken, minkä tarvitset. Ei ole tarpeen pyytää mitään erityistä.

Palvo Jumalaa rakkaudella. Jumala on tietoinen kaikista mielesi toiveista. Älä luule, että

Jumala tietää vain ne asiat, jotka kerrot Hänelle. Sinun täytyy kertoa kaikki asianajajalle tai lääkärille, jotta asianajaja voi hoitaa oikeusjuttusi tehokkaasti ja lääkäri tehdä oikean diagnoosin ja antaa tarvittavan hoidon. Mutta Jumala tietää kaiken, vaikka emme kertoisi Hänelle mitään. Jumala on kaikkitietävä. Siitä huolimatta, jos meillä on huolia, voimme avata sydämemme Jumalalle ja purkaa taakkamme Hänen eteensä. Mutta meidän tulee ymmärtää, että tämä on vain alkua. Vähitellen meidän tulee oppia palvomaan Jumalaa epäitsekkäästi ilman odotuksia. Kun sitten rukoilemme itsellemme, me rukoilemme vain rakkautta ja antaumusta Jumalaa kohtaan. Kun ainoa antaumuksemme tavoite täytetään suuremmalla rakkaudella ja antaumuksella, silloin me saamme myös kaiken muun tarvitsemamme. Me hyödymme sekä materiaalisesti että kehitymme henkisellä polullamme. Vain viattoman, puhtaan rakkauden ja antaumuksen avulla voimme oivaltaa Jumalan. Meidän tulisi rukoilla, että voisimme tulla yhdeksi Jumalan kanssa. Silloin Hänen armonsa virtaa meihin automaattisesti, ja me täytymme jumalallisilla ominaisuuksilla.

Yritä pitää mielesi täysin keskittyneenä Jumalaan ollessasi temppelissä. Temppelin ympäri kiertäminen tulisi tehdä mantraa toistaen. Seisoessasi pyhäkön edessä *darshania*[16] varten, sulje silmäsi, visualisoi keskittyneesti jumalallinen muoto ja mietiskele sitä.

Pelkkä temppelissä käyminen ja muutaman rituaalin suorittaminen ei riitä. Meidän tulisi sen lisäksi varata päivittäin aikaa Jumalan mietiskelyyn. Toista mantraasi niin paljon kuin mahdollista. Näin saavutat henkistä voimaa. Vedellä on valtava voima, jos ohjaamme joen eri haaroissa virtaavan veden yhdeksi uomaksi. Voimme jopa saada siitä sähköä. Samaan tapaan voi mielen voima hukkua ajatusten paljouteen, mutta jos sen sijaan keskitämme mielemme vain yhteen ajatukseen, sen voima kasvaa suureksi. Jos keskiverto ihminen on kuin tavallinen tolppa sähkölinjan varrella, henkilö, joka suorittaa henkisiä harjoituksia on kuin muuntaja.

Meidän tulee ymmärtää palvonnan takana olevat perusperiaatteet. Sen sijaan, että ajattelisimme jumalia olevan lukuisia, meidän tulee

---

[16] Jumalan tai pyhimyksen tapaaminen joko fyysisesti tai näyssä.

nähdä ne kaikki saman Jumalan eri ilmenemismuotoina.

Nykyään lisääntyvä määrä ihmisiä käy temppeleissä. Mutta on kyseenalaista, kehittyykö ihmisten ymmärrys ja henkinen kulttuuri todella samassa tahdissa. Tämä johtuu siitä, että temppeleissä ei käytännöllisesti katsoen ole ketään selittämässä kulttuuriperintöämme. Sen seurauksena ihmiset näkevät temppelit paikkoina, joiden avulla he voivat saada toiveensa täytetyiksi. Nykyään, kun temppelissä kävijät sulkevat silmänsä rukoukseen, he näkevät halujensa kohteet selvästi mielessään. Amma ei tarkoita, että ihmisillä ei saisi olla mitään toiveita, mutta kun mieli on täynnä haluja, emme voi kokea rauhaa. Jotkut ihmiset menevät temppeliin peläten jonkin vaaran kohtaavan heitä, jos he eivät palvo Jumalaa. Mutta Jumala on suojelijamme kaikessa. Todellisella palvonnalla me saavutamme täydellisen vapauden pelosta.

Nykyään temppelipalvonta on vain matkimista. Palvontaa ei tehdä sen takana olevia periaatteita ymmärtäen. Poika seuraa isänsä mukana temppeliin ja kun isä kiertää pyhäkön ympäri, poika tekee samoin; hän jäljittelee kaikkea mitä hänen isänsä tekee temppelissä. Kun poika kasvaa aikuiseksi, hän tuo oman poikansa temppeliin ja sama kuvio toistuu. Jos heiltä kysytään, miksi he tekevät niin kuin tekevät, he eivät osaa vastata. Nykyään temppeleissä ei järjestetä opetusta rituaalien taustalla olevista periaatteista.

Eräs mies suoritti joka päivä *pujan*, rituaalisen palvonnan, perheensä temppelissä. Eräänä päivänä hänellä oli kaikki valmiina ja hän aloitti rituaalinsa, mutta juuri silloin hänen kissansa tuli sisään ja joi *pujaa* varten varatun maidon. Seuraavana päivänä ennen *pujan* aloittamista mies laittoi kissan korin alle ja vasta *pujan* päätyttyä hän päästi kissan vapaaksi.[17]

Hänelle tuli tavaksi laittaa kissa koriin joka päivä ennen pujan aloittamista. Vuosia kului näin. Kun mies kuoli, hänen poikansa otti vastuulleen *pujan* suorittamisen. Poika jatkoi kissan koriin laittamisen perinnettä. Eräänä päivänä hänellä oli kaikki valmiina *pujaa* varten ja hän etsi kissaa, mutta sitä ei löytynyt mistään. Lopulta hän huomasi, että kissa oli kuollut.

---

[17] Jumala on tietysti läsnä myös tuossa kissassa. Mutta kun palvomme Jumalaa tietyssä muodossa, ulkoinen puhtaus on tärkeää, sillä se johtaa sisäiseen puhtauteen.

Hän ei hukannut aikaa, vaan haki toisen kissan naapuritalosta, laittoi sen koriin ja aloitti vasta sitten *pujan*.

Poika ei ollut koskaan kysynyt isältään, miksi tämä piti kissaa korissa. Hän vain seurasi isänsä tapaa miettimättä sen taustalla olevaa syytä. Nykyään useimmat ihmiset suorittavat rituaaleja samaan tapaan. He eivät koskaan yritä oppia niiden takana olevia periaatteita, he vain toistavat sitä, mitä ovat nähneet muiden tekevän. Mihin tahansa uskontoon kuulummekin, meidän tulisi yrittää opetella eri rituaalien takana olevat periaatteet. Tämä tulisi tehdä heti. Jos toimimme näin, merkityksettömät rituaalit eivät jää elämään. Jos sellaisia rituaaleja vielä harjoitetaan, voimme tietoisesti jättää ne pois.

Temppeleissä tulisi järjestää opetusta henkisyydestä sekä temppelipalvonnan takana olevista periaatteista. Temppeleistä pitäisi tulla keskuksia, jotka edistävät ihmisten henkistä kulttuuria. Siten voimme pelastaa hienon perinteemme.

ॐ

*Kysymys:* Mihin temppelissä tehtäviä erilaisia uhrauksia tarvitaan?

*Amma:* Jumala ei tarvitse meiltä mitään. Mitä maailmankaikkeuden Herralta voisi puuttua? Miksi aurinko tarvitsisi kynttilän valoa?

Todellinen uhrilahja Jumalalle on elää elämänsä tietoisena henkisistä periaatteista. Meidän tulisi syödä ja nukkua vain sen verran kuin on tarpeen, puhua vain kun se on välttämätöntä ja tavalla, joka ei loukkaa ketään, olla tuhlaamatta aikaamme turhuuksiin, huolehtia vanhuksista ja puhua heille rakastavasti, auttaa lapsia saamaan koulutuksen ja tulemaan toimeen sekä lahjoittaa rahaa köyhille – kaikki nämä ovat rukouksen eri muotoja. Kun tuomme todellisen tietoisuuden jokaiseen ajatukseen, sanaan ja tekoon, elämä itsessään muuttuu palvonnaksi. Se on todellinen uhrilahja Jumalalle. Mutta useimmat ovat kykenemättömiä käsittämään tätä, sillä he eivät ole ymmärtäneet kirjoituksia oikein. Nykyään ihmisillä on harvoin tilaisuuksia opiskella Sanatana Dharmaa. Temppeleitä ja niissä työskenteleviä ihmisiä on paljon, mutta tarvitaan järjestelyjä, jotta kulttuurin tuntemusta voitaisiin välittää ihmisille.

Ihmiset hyötyisivät siitä paljon. Tämän puutteen vaikutus voidaan nähdä nyky-yhteiskunnassa. On hyvä vuodattaa rukoillessa kyyneleitä Jumalalle, olipa tavoitteemme mikä tahansa. Tämä on meille hyväksi. Pieni lapsi ei ehkä osaa sanoa sanaa "isi" kunnolla, mutta isä ymmärtää kyllä, mitä lapsi tarkoittaa. Hän tietää, että lapsen virhe johtuu taitojen puutteesta. Jumala kuulee meitä riippumatta siitä, miten rukoilemme. Jumala katsoo vain meidän sydämeemme, Hän ei voi kääntää selkäänsä vilpittömille rukouksillemme.

Kun kuulemme puhuttavan temppelin uhrilahjoista, *payasam* ja muut jumaluuksille uhrattavat asiat tulevat heti mieleemme. Jotkut kysyvät, miten me voimme uhrata makeita ruokia Jumalalle samaan aikaan, kun köyhät näkevät nälkää. Jumalat eivät itse asiassa syö *payasamia*, me itse syömme sen myöhemmin. Palvojat jakavat *payasamin*, joka uhrataan temppelissä. Siten myös köyhät ja lapset saavat mahdollisuuden nauttia ruoasta. Heidän tyytyväisyytensä on meille siunaus. Vaikka itsekin pidämme *payasamista*, sydämemme laajentuu jakaessamme sen muiden kanssa. Se tuottaa meille iloa. Tämä on temppelissä tehtyjen uhrausten todellinen armolahja.

Kaiken sen mitä teemme, me teemme ansaitaksemme Jumalan armon. Niinpä meidän tulisi tehdä kaikki uhrauksena Hänelle. Maanviljelijä rukoilee ennen siementen kylvämistä, sillä ihmisten omilla ponnisteluilla on aina rajansa. Jotta toiminta kantaisi hedelmää, tarvitaan Jumalan armoa. Riisi kylvetään, se kasvaa ja tuottaa sadon. Mutta jos juuri ennen sadonkorjuuta tulee tulva, koko sato on mennyttä. Mistä tahansa teosta tulee täydellinen vain Jumalan armosta. Siksi esi-isämme jättivät meille perinnöksi tavan luovuttaa ensin kaikki Jumalalle ja toteuttaa tai hyväksyä asiat vasta sitten. Jopa silloin kun syömme, ensimmäinen suupala uhrataan aina Jumalalle. Tällainen on antautumisen ja jakamisen asenne. Näin opimme asenteen, että emme pidä elämää omanamme vaan jonakin, jonka jaamme muiden kanssa. Tässä prosessissa opimme myös luopumaan niistä asioista, joihin mielemme on kiintynyt.

Jos kysymme itseltämme, mihin meidän mielemme on kiintynyt, useimmat meistä tietävät vastauksen. 90 % kiintymyksestämme kohdistuu varakkuuteen. Kun perheen omaisuutta jaetaan, emme epäröi haastaa jopa äitiämme oikeuteen, jos maaosuudellamme on kymmenen kookospalmua vähemmän kuin sisaruksillamme. Ennen kuin intialainen mies menee naimisiin, tulevan vaimon perheen tausta ja varakkuus tutkitaan tarkoin. Poikkeukset tästä ovat niin harvinaisia, että ne voi melkein laskea sormin. Mieli on siis eniten kiintynyt varallisuuteen ja siksi sitä ei ole helppo irrottaa siitä. Yksinkertainen tapa tehdä se on omistaa mielensä Jumalalle. Mielemme puhdistuu, kun uhraamme sen Jumalalle. Tämän voi tehdä uhraamalle Jumalalle asioita, jotka ovat meille tärkeitä.

Jotkut sanovat, että Krishna piti paljon makeasta *payasamista*. Mutta Krishna *on* itse makea ja suloinen – hänessä on rakkauden makeus ja suloisuus. Me rakastamme *payasamia* ja uhraamme sitä Krishnalle, koska uskomme Hänen todella pitävän siitä. Mutta itse asiassa me uhraamme jotakin, mistä itse pidämme. Jumala on perusolemukseltaan rakkaus. Hän nauttii sydämemme *payasamista*, rakkaudestamme.

Eräs jumalanpalvoja osti paljon viinirypäleitä, omenoita sekä erilaisia makeisia ja asetti ne pujahuoneeseensa uhrauksena Jumalalle. Hän sanoi: "Herra, katso mitä kaikkea olen ostanut sinulle: omenoita, viinirypäleitä ja makeisia! Oletko tyytyväinen?" Hän kuuli äänen sanovan: "En, nuo asiat eivät tee minua tyytyväiseksi." "Voi Herra, kerro minulle, mikä Sinua miellyttää, niin ostan sen Sinulle." "On olemassa kukka, jota sanotaan mielen kukaksi. Sen minä haluan." "Mistä löydän sen?" palvoja kysyi. "Lähimmästä talosta."

Palvoja meni suoraan naapuritaloon, mutta naapurit eivät tienneet mitään moisesta kukasta. Hän meni kaikkiin kylän taloihin ja sai kaikilta saman vastauksen: "Emme ole koskaan nähneet tai kuulleetkaan sellaisesta kukasta." Lopulta palvoja palasi Herran luo, heittäytyi maahan ja sanoi: "Herra, anna minulle anteeksi! Etsin kaikkialta kylästä, mutta en löytänyt haluamaasi kukkaa. Voin uhrata sinulle vain sydämeni!"

"Sitä kukkaa minä pyysinkin, mielesi kukkaa. Kaikki tähän asti uhraamasi lahjat ovat olleet minun voimani luomia. Ilman tätä voimaa et voi edes nostaa kättäsi. Kaikki maailmassa on minun luomaani. Mutta on yksi asia, jonka sinä olet luonut: käsitys 'minästä' eli egosta. Se sinun tulisi luovuttaa minulle. Sinun viaton mielesi on kukka, josta pidän kaikkein eniten."

Kun Amma kertoo tämän, saatat miettiä, miksi Jumalalle pitäisi uhrata kukkia. Mutta se ei ole vain rituaali, vaan asialla on myös käytännöllinen puolensa. Monet ihmiset kasvattavat kukkia uhrattavaksi Jumalalle. Tämä antaa elannon niille, jotka poimivat ja myyvät kukat. Se tuo myös tyydytystä niille, jotka ostavat kukat ja uhraavat ne Jumalalle. Niinpä kukat, jotka kukkivat tänään ja kuihtuvat huomenna, tarjoavat monelle elinkeinon ja tekevät ostajansa tyytyväisiksi. Lisäksi nuo kasvit hajoavat luonnossa. Meidän täytyy tarkastella kaikkien asioiden hyödyllisyyttä tällä tavoin. Saatamme kysyä, eikö kankaasta tehty seppele ole parempi kuin kukkaseppele. Kangasseppeleet ovat myös hyviä ja työllistävät monia. Mutta ne eivät katoa nopeasti. Oikeat kukat kukkivat tänään, kuihtuvat ja lakastuvat huomenna. Näin voimme saada niistä suurimman hyödyn.

Kun oivallamme jumalalliset periaatteet, Jumalan ominaisuudet alkavat ilmetä meissä.

Amma muistaa vanhat ajat. Ennen pyhiinvael-lusmatkalle Sabarimalaan lähtöä kyläläisillä oli tapana valmistaa riisivelliä sekä erityisiä curry-vihanneksia ja tarjota niitä kaikille halukkaille. Ennen kuin he nostivat pyhiinvaelluslaukkunsa päänsä päälle, he antoivat kourallisia kolikoita lapsille. Kun teemme toiset onnellisiksi, esimer-kiksi antamalla ruokaa köyhille tai lapsille rahaa karkkeihin, me itse koemme tyytyväisyyttä. Rakkaudellinen ystävällisyys, jota osoitamme muille, palaa meille takaisin armona.

Temppelissä uhrattavan rahan tarkoituksena ei ole lahjoa Jumalaa, vaan se symboloi meidän rakkauttamme Häntä kohtaan. Jonkin asian lahjoittaminen rakastetulle kuuluu rakkauden olemukseen. Kun rakkautta ilmaistaan ulkoi-sesti, siitä tulee rakkaudellista ystävällisyyttä. Rakastamme Jumalaa, mutta vasta kun uhraam-me Hänelle jotakin, meidän rakkautemme muuttuu myötätunnoksi maailmaa kohtaan. Vain ne, jotka tekevät näin, saavuttavat Juma-lan armon.

Noudatamme yleensä rakastamamme henkilön toivetta. Nuoren miehen rakastettu pyytää häntä lopettamaan tupakoinnin. Jos mies rakastaa naista vilpittömästi, hän lopettaa huonon tapansa. Tämä on rakkautta. Toisaalta, jos mies inttää vastaan ja haluaa tietää, miksi hänen pitäisi totella naista, todellista rakkautta ei ole läsnä. Rakkaudessa ei ole kahta yksilöä. Amma on nähnyt monen luopuvan pahoista tavoistaan tällä tavoin. He sanovat: "Vaimoni ei pidä siitä, että juon alkoholia. Hän ei pidä pukeutumistyylistäni." Saatatte kysyä, eikö ole heikkoutta taipua rakastettunsa toiveisiin. Mutta rakkaudessa tämä ei ole heikkoutta. Et voi nauttia rakkaudesta, jos järki ja logiikka tulevat tielle. Rakkaudessa on vain rakkaus itse; siinä ei ole tilaa logiikalle.

Ne jotka rakastavat Jumalaa luopuvat huonoista tavoistaan. He eivät tee mitään, mistä Jumala ei pitäisi. Jos he tekevät virheen, he yrittävät parhaansa mukaan olla toistamatta sitä. He säästävät rahan, jonka he ennen kuluttivat huonoihin tapoihinsa ja käyttävät sen puutteenalaisten auttamiseen, sillä köyhien palveleminen on todellista Jumalan palvontaa. He välttävät ylellisten asioiden hankkimista ja käyttävät näin säästetyt rahat köyhien palvelemiseen. Heille muodostuu tavaksi hankkia vain niitä asioita, joita he todella tarvitsevat. He luopuvat halustaan kerätä omaisuutta. He luopuvat ajatuksesta rikastua käyttämällä muita hyväksi. Siten he ylläpitävät tasapainoa ja harmoniaa yhteiskunnassa.

Emme tarvitse harjoitusta loogisessa ajattelussa vaan tervettä maalaisjärkeä. Se hyödyttää kaikkia. On olemassa sanonta, että valheiden kertominen tekee sokeaksi. Älymme tietää, että jos sanonta pitäisi paikkansa, maailmassa olisi vain sokeita ihmisiä. Mutta kun kerromme lapselle, että valehtelu aiheuttaa sokeutta, lapsi pidättäytyy valehtelemasta pelosta. Oletetaan, että sanot televisiota katsovalle lapselle: "Tulehan tänne! Annan sinulle kuolemattomuuden!" Lapsi kieltäytyy tarjouksesta sanoen, että televisiota on kiva katsella. Mutta jos hänelle sanotaan: "Juokse, talo on tulessa!" hän ryntää välittömästi ulos ovesta. Nuo sanat saavat hänet heti toimimaan. Tällä ei ole mitään tekemistä järjen kanssa: sanat ovat yksinkertaisesti toimivia. Monet harjoitukset saattavat vaikuttaa järjettömiltä tai taikauskoisilta, mutta kun tarkastelemme niitä hienovaraisemmin, voimme havaita saavamme niistä käytännön hyötyä.

Mieli on hyvin rajoittunut, arvostelukyvytön ja lapsellinen, ja nämä harjoitukset ohjaavat sitä oikeaan suuntaan.

Rintaruokinnassa oleva vauva ei voi sulattaa lihaa; lihan syöminen teksisi hänet sairaaksi. Vauvalle voi antaa vain yksinkertaista ruokaa. Meidän täytyy mennä jokaisen henkilön omalle tasolle ja antaa sopivaa ohjausta. Ihmisille tulisi selittää asiat heidän fyysinen, henkinen ja älyllinen tasonsa huomioon ottaen. Sanatana Dharman opetuksia on ilmaistu eri tavoin, jotta ne soveltuisivat kaikenlaisille ihmisille. Tämän vuoksi jotkut jotkut Sanatana Dharmaan kuuluvat asiat saattavat vaikuttaa karkeilta tai jopa irvokkailta. Mutta jos tarkastelemme niitä loogisesti, näemme kuinka käytännöllisiä ne ovat. Ei olisi väärin sanoa, että käytännöllisyys on Sanatana Dharman perusta.

ॐ

*Kysymys:* Näemme usein kalliiden korujen kaunistavan temppelien patsaita. Miten sellaiset ylellisyydet sopivat yhteen henkisyyden ja antaumuksen kanssa?

*Amma:* Jumalpatsaita koristavat kulta ja hopea eivät kuulu yksittäisille henkilöille vaan koko yhteisölle. Näitä arvoesineitä säilytetään temppelissä. Eivätkö monet ostakin kultakoruja ja säilytä niitä kotonaan? Kauneuden arvostaminen on osa luontoamme. Pidämme kaikesta kauniista. Siksi ihmiset käyttävät koruja ja värikkäitä vaatteita. Mutta tämä viehätys ulkoisiin asioihin muodostaa kahleen: se lujittaa käsitystämme siitä, että me olemme pelkästään tämä keho. Jos viehätyksemme kauneuteen ohjataan Jumalaan, se kohottaa meitä. Kun koristelemme jumalpatsaan, saamme nauttia jumalallisesta kauneudesta. Tällä tavoin meidän mielemme keskittyy Jumalaan. Jopa ilman koristeita Jumala on kauneuden perikuva. Mutta tavallisesti kykenemme nauttimaan tuosta kauneudesta vain tiettyjen symbolien tai rajoittavien apukeinojen kautta. Niinpä koristelemme Jumalaa esittävät patsaat sen mukaan, millaiseksi kuvittelemme Jumalan.

Ennen vanhaan kuningas oli koko maan valtias. Jumala sen sijaan on koko maailmankaikkeuden hallitsija. Ihmiset suhtautuivat Jumalaan samalla tavalla kuin kuninkaaseen. He uskoivat, että aivan kuten kuningas antaa alamaisilleen kaikki tarvittavat asiat, Jumala järjestää kaiken, mitä maailmankaikkeus tarvitsee. He pitivät Jumalaa kuninkaiden kuninkaana. Siksi he koristelivat temppelien jumalpatsaat ruhtinaallisella tavalla ja iloitsivat niiden kauneudesta.

Kultainen pokaali ei tarvitse koristeita. Jumalakaan ei tarvitse niitä. Jumala on kauneimmista kaunein. Silti jumalallisten kuvien koristeleminen ja niiden katseleminen täyttää jotkut ilolla ja luo heidän sydämeensä myönteisen tunnelman. Koristeet vaalivat sellaisten ihmisten antaumusta.

Pyrkimys kauneuden näkemiseen ulkoisissa esineissä jatkuu, kunnes henkilö saavuttaa *jivanmuktan*[18] tilan. Ihmiset etsivät kauneutta kaikkialta. Jokainen toivoo olevansa komein mies tai kaunein nainen. Koska Jumala on täydellinen kauneus, niin mitä väärää siinä on, että haluaa nähdä Jumalan (tai jumalpatsaan) kauneimmassa mahdollisessa muodossa? Jumala on kaiken läpäisevä tietoisuus. Jumalan palvojat

---

[18] Itseoivalluksen tila tai valaistuminen, joka saavutetaan fyysisen elämän aikana.

74

tietävät, että Jumala on kaikkialla, sekä sisäl-
lä että ulkona. Silti he haluavat luonnollisesti
nähdä tuon kiehtovan muodon omin silmin ja
nauttia sen kauneudesta.

"Hänen huulensa ovat suloiset, hänen kas-
vonsa ovat suloiset, hänen silmänsä ovat suloiset,
hänen hymynsä on suloinen, hänen sydämensä
on suloinen, hänen askeleensa ovat suloiset –
kaikki Mathuran Herrassa[19] on suloista!"[20] Näin
palvoja näkee kauneutta kaikessa, mikä liittyy
Jumalaan ja yrittää nauttia tästä kauneudesta
kaikilla aisteillaan: Jumalan muodosta silmil-
lään, Hänen jumalallisesta laulustaan korvil-
laan, Hänen *prasadistaan* kielellään, Hänen
tuoksustaan nenällään sekä erityisistä voiteista,
kuten santelipuutahnasta ihollaan. Näin kaikkia
aisteja voidaan hyödyntää, jotta mieli keskittyisi
täysin Jumalaan.

Jumala on täydellinen, ilmestyipä Hän sitten
kuninkaan tai kerjäläisen muodossa. Me koris-
telemme Jumalan oman mielikuvituksemme

---

[19] Mathuran Herra viittaa Krishnaan. Mathura oli pääkau-
punki siinä kuningaskunnassa, jonka Krishna sai takaisin
ilkeältä Kamsa-sedältään ja jonka hän palautti isoisänsä
hallintaan.
[20] Sri Sankaracharyan Madhurashtakam

mukaisesti, siinä kaikki. Jumalaa ei voi rajata rajoittuneisiin käsityksiimme eikä Hän halua mitään. Jumalalle ei ole mitään väliä, koristelemmeko Hänen kuvansa vai emme. Yksikään palvojien uhraamista kalliista esineistä ei vaikuta Jumalaan mitenkään. Ne ovat vain koristeita, jotka tyydyttävät palvojaa itseään.

Amma muistaa tässä yhteydessä Sri Raman tarinan. Hänet oli päätetty julistaa kruununperijäksi. Valmistelut kruunajaisseremoniaa varten olivat jo käynnissä. Mutta yhtäkkiä hänet karkotettiin maanpakoon metsään ja hän lähti matkaan ilman minkäänlaista tunnetilan muutosta. Halutessaan hän olisi voinut hallita kuninkaana – kaikki ihmiset olivat hänen puolellaan – mutta silti hän lähti eikä koskaan katunut päätöstään, sillä hän ei ollut kiintynyt mihinkään. Tämä kiintymättömyys meidän tulisi saavuttaa palvomalla Jumalaa.

Poliisit parveilevat kiinniotetun varkaan ympärillä. Poliisit parveilevat myös pääministerin ympärilllä. Mutta pääministerin tapauksessa poliisit ovat hänen alaisuudessaan. Jos hän ei halua heitä ympärilleen, hän voi lähettää heidät pois. Rosvo sen sijaan pelkää poliiseja ja on heidän valvontansa alaisena. Jumala on kuin pääministeri. Kaikki on Hänen hallinnassaan. Tämä ei muutu, riippumatta siitä, minkä muodon Jumala omaksuu. Kun Jumala ilmestyy maapallolle erilaisina inkarnaatioina, nuo inkarnaatiot käyttäytyvät kuin ihmiset, koska he haluavat olla elävänä esimerkkinä maailmalle. Mutta tämä ei sido heitä millään tavalla. He ovat kuin voi vedessä tai kuin kypsä maapähkinä kuoressa. He eivät ole kiintyneitä mihinkään, eikä kukaan voi takertua heihin.

ॐ

*Kysymys: Homan* (pyhän tulirituaalin) aikana on tapana uhrata tuleen erilaisia aineita kuten hunajaa ja kirkastettua voita Jumalan armon saavuttamiseksi. Onko oikein tuhlata ruoka-aineita tällä tavoin? Sanotaan, että monia arvokkaita materiaaleja uhrataan tuleen. Mikä on Amman näkemys tästä?

*Amma:* Amma ei hyväksy kalliiden aineiden uhraamista tuleen. Jos näin on menetelty, tarkoituksena on varmaankin ollut poistaa mielen kiintymys noita aineksia kohtaan. On kuitenkin parempi lahjoittaa sellaiset asiat pois kuin sytyttää ne palamaan. Se hyödyttäisi köyhiä, mikä vaikuttaisi Amman mielestä järkevämmältä.

*Homaan* sisältyy kuitenkin hienovarainen merkitys. Siinä ego uhrataan Jumalalle. Ego on mielen luomus ja *homa* symboloi mielen antautumista Jumalalle. Uhraamme tuleen aineita, jotka symboloivat aistejamme, sillä aistimme muodostavat mielen kiintymykset ja kahleet. Jumalan armon saamiseksi ei ole tarpeellista suorittaa rituaaleja, joissa uhrataan erilaisia esineitä tuleen. On riittävää tehdä hyviä tekoja, rakastaa ja palvella muita. Ne, joilla on tällainen asenne, saavat osakseen Jumalan armon.

Toisaalta *homassa* uhratut aineet eivät oikeastaan mene hukkaan. *Homan* tapaiset seremoniat on säädetty *Vedojen* rituaaleja koskevassa osassa. Jotkut noiden rituaalien hyödyistä ovat tieteellisesti todistettuja. *Homasta* on hyötyä luonnolle. Kun tuleen uhrataan kirkastettua voita, kookospähkinää, hunajaa, seesamin siemeniä, karukaheinää ja muita aineksia, tulen savulla on voima puhdistaa ilmakehää, eikä siihen tarvitse

78

käyttää myrkyllisiä kemikaaleja. *Homan* savun tuoksua hengittävät myös hyötyvät siitä.

Muinaiset esi-isämme sytyttivät tulen hieromalla kahta puunpalasta toisiaan vasten. Tämä ei saastuttanut ilmaa niin kuin tulitikkujen polttaminen tekee. Sytyttämällä tulen aamun sarastaessa, istumalla sen vieressä mukavassa asennossa ja suorittamalla *homa*-rituaalin mielemme keskittyy. Ajatuksemme vähenevät ja mielen jännittyneisyys laskee. Tulen vieressä istuen keho hikoilee, ja sen epäpuhtaudet poistuvat. Me hengitämme palavan kirkastetun voin ja kookospähkinän tuoksua, mikä on hyväksi terveydellemme. Samaan aikaan ilmapiiri puhdistuu. Esi-isiemme säätämiä rituaaleja ei oltu tarkoitettu vain sisäiseen puhdistautumiseen vaan myös luonnon harmonian ylläpitämiseen. Mitkään näistä toiminnoista eivät saastuta luontoa.

Entisaikoina monissa kodeissa oli tapana sytyttää öljylamppu illan hämärtyessä. Pronssisen lampun öljyssä olevan langan polttaminen auttaa puhdistamaan ilmakehää. Lapsena Amma katseli, kuinka sellaisten lamppujen savua kerättiin kulhon sisään. Naiset sekoittivat siitä kertyneen noen limettimehuun, ja kun lapsi syntyi, seosta siveltiin vauvan silmiin. Tämä tuhosi silmäluomien alla olevat epäpuhtaudet ilman haitallisia sivuvaikutuksia. Öljylamppujen savu on täysin erilaista kuin kerosiinilamppujen.

Monet entisaikojen tavat olivat hyödyksi luonnolle. Ennen vanhaan, kun lapsi rokotettiin, hänen äitinsä siveli lehmänlantaa pistoskohtaan, jotta se paranisi nopeasti. Jos nykyään tekisimme näin, haava tulehtuisi, sillä lehmänlannasta on tullut niin epäpuhdasta. Menneen ajan lääkkeestä on tullut nykyajan myrkkyä. Tuohon aikaan myrkyllisiä kemikaaleja ei käytetty maataloudessa, vain lehtiä ja lehmänlantaa käytettiin lannoitteena. Mutta nykyään useimmat maanviljelijät käyttävät myrkyllisiä lannoitteita ja hyönteismyrkkyjä. Sellaisten maatilojen heinää syötetään lehmille ja näin lehmien lannasta tulee myrkyllistä. Olisi vaarallista koskea haavaa tuolla lannalla. Näin saastunut luonnosta on tullut.

Amma tietää, että kemiallisilla lannoitteilla voidaan saavuttaa taloudellista kasvua. Kemikaalien avulla voimme tilapäisesti saada paremman sadon. Mutta toisaalta ne ovat tappavia.

Saatamme väittää, että suuremmat sadot ovat
ratkaisu nälänhätään, mutta samalla unohdam-
me sen tosiseikan, että kun syömme myrkyllisillä
lannoitteilla kasvatettuja vihanneksia ja viljaa,
lukemattomat solut kehossamme tuhoutuvat.

Emme ota pienen neulan pistosta kovin vaka-
vasti, mutta jos meitä pisteltäisiin jatkuvasti,
se voisi johtaa kuolemaan. Myrkyllisten ainei-
den pääsy kehoomme aiheuttaa samanlaisen
seurauksen. Jokainen solu kehossamme tekee
kuolemaa. Vasta kun olemme kuolemaisillam-
me, ymmärrämme asian vakavuuden. Saamme
kehoomme lukuisia myrkkyjä ruoan, veden ja
ilman kautta. Ne tekevät meidät sairaaksi ja
johtavat meitä nopeammin kohti kuolemaa.

Emme ymmärrä, että nykyään monilla hygie-
nian nimissä tehdyillä asioilla on negatiivisia
vaikutuksia. Ihmiset käyttävät kemiallisia puh-
distusaineita kotiensa siivoamiseen ja desinfioi-
miseen. Mutta jopa monien puhdistusaineiden
hajun hengittäminen on haitallista terveydel-
lemme. Ne tappavat myös suotuisia pieneliöitä.
Toisaalta kun teemme *homan*, tuleen uhratta-
vat aineet tappavat bakteereja ja puhdistavat

ilmaa. Millään näistä aineista ei ole haitallisia vaikutuksia.

Me käytämme nykyään myrkyllisiä kemikaaleja muurahaisten tappamiseen. Nuo tuholaismyrkyt eivät vahingoita vain muurahaisia vaan myös omia solujamme. Mutta kun hengitämme *homa*tulesta nousevia tuoksuja, kehomme solut virkistyvät ja tervehtyvät. Tämä ei ole hyödyksi vain ihmisille, vaan myös luonnolle ja muille eläville olennoille.

Ennen ihmiset käyttivät risiiniöljyä ulostuslääkkeenä. Nykyään käytetään sen sijasta erilaisia pillereitä. Ne toimivat kyllä ulostuslääkkeenä, mutta samalla ne tuhoavat monia hyvänlaatuisia bakteereja, ja muitakin sivuvaikutuksia voi esiintyä. Vaikka ihmiset tietävät tämän, heistä on silti mukavaa luottaa noihin lääkkeisiin. Ihmisillä on tapana ajatella vain sitä, mikä sillä hetkellä tuntuu mukavimmalta ja olla piittaamatta tulevista seurauksista.

Ennen vanhaan ihmiset suorittivat jokaisen tekonsa kokonaisnäkökulman valossa ottaen luonnon huomioon. *Homaa* alettiin suorittaa tästä lähtökohdasta käsin. Amma ei tarkoita, että jokaisen tulisi alkaa suorittaa *homaa*. On

riittävää lahjoittaa rahaa hyväntekeväisyystoi-
mintaan. Tämän lisäksi, istuttakaa kymmenen
uutta puuta. Se on hyväksi ilmakehälle ja auttaa
luonnon säilymisessä.

ॐ

*Kysymys:* Onko jumalallisten nimien laulamisesta,
rukoilusta ja mantran toistamisesta mitään hyö-
tyä? Eikö meidän tulisi niiden sijaan tehdä jotain
hyödyllistä maailman eteen?

*Amma:* Monet ihmiset laulavat aistillisia lauluja.
Mitä he vastaisivat, jos kysyisimme heiltä: "Mitä
hyötyä tuosta on? Eikö sinun pitäisi laulamisen
sijaan tehdä jotakin hyödyllistä?" Eikö olekin niin,
että vain ne, jotka kokevat hyötyvänsä jostakin
ymmärtävät sitä. Ihmiset nauttivat tavallisten lau-
lujen kuuntelusta. Kun palvoja kuulee jumalallisia
nimiä laulettavan, hän unohtaa kaiken muun ja
uppoutuu täysin Jumalaan. Tavalliset laulut ovat
nautinnollisia, koska ne käsittelevät meidän mie-
leemme liittyviä tunteita ja maallisia ihmissuh-
teita. Kuuntelijat syventyvät noihin tunteisiin ja
nauttivat siitä. Mutta kun antaumuksellisia lauluja

ja rukouksia lauletaan, sekä laulajat että kuuntelijat kokevat mielenrauhaa.

Erilaiset musiikkilajit, kuten diskomusiikki, herättävät monenlaisia tunneaaltoja. Aistillisen musiikin kuuntelu herättää rakastaja-rakastettu-mielentilan ja johtaa niitä koskeviin ajatuksiin ja tunteisiin. Antaumukselliset laulut taas muistuttavat meitä suhteestamme Jumalaan ja meissä herää jumalallisia ominaisuuksia maallisten tunteiden sijaan. Mielen tunteet katoavat ja tämä tuo rauhaa niin laulajille kuin kuulijoillekin.

Amma ei väheksy tavallisia lauluja. Monet ihmiset nauttivat niistä. Maailmassa on erilaisia ihmisiä. Kaikella on tietty merkitys jokaisen yksilön omalla tasolla. Niinpä Amma ei torju mitään.

Kun laulamme Jumalan kunniaksi, emme pyri ainoastaan jumaloivalluksen saavuttamiseen, vaan siitä on muutakin hyötyä. Antaumukselliset laulut ja rukoukset luovat myönteisiä värähtelyjä sisällemme ja ympäristöömme. Ne eivät jätä tilaa vihalle tai kielteisyydelle; on vain tunne siitä, että jokainen on ystäväsi. Rukouksen kautta rukoilijan mielessä alkaa mietiskelyn prosessi. Lapsi toistaa sanan kymmenen kertaa, painaa sen mieleensä ja kätkee sen päättäväisesti sydämeensä. Samoin, kun laulamme antaumuksellisia lauluja, kun me laulamme Jumalan kunniaa yhä uudelleen ja uudelleen, laulujen sanoma juurtuu sydämeemme ja meidän elämästämme tulee rikkaampaa.

Antaumuksellisten laulujen laulaminen tekee mielestä autuaallisen. Se rauhoittaa mieltä. Kokeaksemme tämän kokonaisvaltaisesti meidän tulee kehittää asennetta 'minä en ole mitään, Sinä (Jumala) olet kaikki!' Tällainen on todellinen rukous. Tällaisen asenteen kehittäminen ei ole helppoa. Auringon täytyy nousta, jotta pimeys katoaisi. Vasta tietoisuuden sarastaessa tämä mielentila voi kukoistaa täysin. Meidän ei kuitenkaan tarvitse odottaa siihen asti. Meidän tulee vain kehittää oikeaa mielenlaatua ja mennä eteenpäin.

Meidän ei tulisi unohtaa, että Jumala on voimavaramme. Emme voi itse hallita edes seuraavaa hengenvetoamme. Joku saattaa lähteä laskeutumaan portaita sanoen: "Olen pian alhaalla." Mutta ennen kuin hän saa sanottua lauseen lopuun, hän menehtyy sydänkohtaukseen. Niinpä meidän tulee kehittää itsessämme sellaista asennetta, että olemme vain välineitä Jumalan käsissä.

Meidän ei tulisi rukoilla tai laulaa antaumuksellisia lauluja vain saadaksemme omat toiveemme täytetyiksi. Monet näkevät rukoilun keinona saavuttaa henkilökohtaista hyötyä. Rukoilun tarkoituksena on herättää hyviä ominaisuuksia, hyviä värähtelyjä sisällämme. Jos elämää eletään vain halujen tyydyttämistä varten, ryöstöt, murhat ja raiskaukset tulevat lisääntymään. Koska ihmiset pelkäävät poliisia, rikoksilla on edes jokin rajoittava tekijä yhteiskunnassa. Mutta se, mikä auttaa ihmisiä todella pysymään oikealla polulla on rakkaus – rakkaus ja antaumus Jumalaa kohtaan. Se on käytännöllinen tapa säilyttää tasapainoinen tila yhteiskunnassa. Rukous ja myönteiset ajatukset tuottavat hyviä värähtelyjä. Kielteisten ajatusten sävyttämä rukous taas luo pahoja värähtelyjä. Rukoilevan ihmisen ympärillä olevat värähtelyt riippuvat rukouksen luonteesta. Jos henkilö rukoilee vastustajansa vahingoittumista, hän täyttyy vihan värähtelyistä – ja maailma saa tältä henkilöltä osakseen vihaa. Siten rukoilevasta henkilöstä maailmaan säteilevät värähtelyt vastaavat rukouksen takana olevaa mielentilaa.

Ihmisessä herää erilaisia tunteita, kun hän ajattelee äitiään, vaimoaan ja lapsiaan. Kun hän muistelee äitiään, äidinrakkaus ja kiintymys täyttävät hänen mielensä. Ajatukset vaimosta saattavat synnyttää aviollisia tunteita ja tunteen sydänten välisestä yhteydestä. Lapsiaan ajatellessaan, hän tuntee vanhemman rakkautta. Kaikki nämä tunteet ovat mielessä, ja ne herättävät erilaisia värähtelyjä. Koska värähtelyt riippuvat henkilön mielentilasta, meidän tulisi varmistaa, että rukoustamme täydentävät myönteiset ajatukset. Vasta silloin rukouksemme hyödyttävät meitä sekä koko yhteiskuntaa. Hyvien ajatusten sävyttämä rukous, ilman mitään vihan tai koston tunnetta, ei ainoastaan poista mielen jännittyneisyyttä vaan luo myös myönteisen ilmapiirin sekä sisällemme että ulkopuolellemme.

Ajatukset ovat kuin tarttuva virus. Jos menet kuumeisen henkilön lähelle, saatat myös itse sairastua kuumeeseen, sillä sairautta kantavat bakteerit voivat kulkeutua sinuun. Jos menet paikkaan, missä täytetään hajuvesipulloja, kehosi alkaa tuoksua hajuvedeltä. Samoin paikoissa, missä Jumalan kunniaa lauletaan, syntyy hienovaraisia värähtelyjä, ja nuo värähtelyt leviävät meidän auraamme. Jotta näin tapahtuisi, meidän sydämemme tulee kuitenkin aueta. Vasta sitten me voimme nauttia siitä ja saada energiaa. Jos viljelemme kielteistä asennetta, emme saavuta tätä hyötyä.

Jopa henkisessä ympäristössä ihmisten mielenkiinnon kohteet rajoittuvat usein aistien tasolle. Tämän vuoksi jotkut ihmiset eivät kykene vastaanottamaan lähestymiensä henkisten mestareiden armoa, vaikka nämä saattavatkin siunata heitä ylenpalttisesti. Lootuksen alla elävä sammakko ei ole tietoinen kukasta, eikä osaa nauttia sen tuoksusta. Hyttysiä kiinnostaa lehmän utareissa vain veri, vaikka utareet olisivat täynnä maitoa.

Jotkut ihmiset eivät kykene näkemään muutosta niissä, jotka harjoittavat henkisiä opetuksia. He näkevät kaikessa vain vikoja ja arvostelevat hinduismia viittaamalla eläinten uhraamiseen, jota aikoinaan harjoitettiin uskonnon nimissä. Heitä kuuntelemalla saa sellaisen käsityksen, että hinduismi perustuu vain eläinten uhraamiseen. Kun menneisyydessä ihmisiä kehotettiin uhraamaan heissä itsessään oleva eläin – ego –, jotkut ihmiset käyttivät tietämättömyyttään oikeita eläimiä uhreina. Mutta emmekö havaitse vielä nykyäänkin nykyaikaisten ihmisten, jotka väittävät tietävänsä totuuden, panevan toimeen ihmisten uhraamista kaikkialla maailmassa? Ajatelkaa, kuinka monta ihmistä on tapettu uskonnon tai politiikan nimissä! Me väitämme nousseemme esi-isiemme yläpuolelle, mutta itse asiassa emme ole tehneet niin. Tosiasiassa yhä kiihtyvä kehitys on viemässä meitä kohti tuhoa. Ymmärtääksemme tämän, meidän on katseltava tilannetta sen koko perspektiivistä. Meidän tulee nähdä tilanne lintuperspektiivistä, sillä jos katselemme alhaalta käsin, näemme asioista vain hyvin rajatun näkökulman.

Monet ihmiset kuuluvat poliittiseen puolueeseen. Puolueessa heitä saattavat viehättää sen johtajien elämäntarinat sekä heidän idealisminsa ja uhrautumisensa. Omaksuttuaan nuo ihanteet he ovat saattaneet alkaa työskennellä puolueen hyväksi. Kuitenkin olisi vielä parempi, jos he omaksuisivat henkiset ihanteet, sillä näissä periaatteissa ei ole vihaa, kostoa eikä itsekkyyttä.

Mistä voimmekaan löytää korkeampia ihanteita, kuin Bhagavad Gitasta?

Jotkut saattavat kysyä: "Eikö Krishna sanokin Gitassa, että meidän tulee luopua kaikesta ja työskennellä ilman odotuksia?" Mutta juuri kukaan ei mieti, miksi Hän sanoi niin. Jos siemenet kylvetään, ne saattavat itää tai sitten ei. Jos sadetta ei ole, voit kaivaa kaivoja ja saada kasteluvettä, mutta kuinka paljon ikinä yritätkin, et voi varmuudella sanoa, kuinka hyvä sadosta tulee. Juuri ennen viljankorjuuta voi tulla suuri myrsky tai tulva ja tuhota koko sadon. Tällainen on maailman luonne. Jos kykenemme hyväksymään tämän, voimme elää ilman murheita. Tämän takia Krishna sanoi: "Tee työsi, tulos on Jumalan käsissä. Älä huolehdi siitä." Riippumatta ponnistelujemme suuruudesta, Jumalan armoa tarvitaan aina, jotta toimintamme kantaisi hedelmää. Tätä Krishna opetti, ei sitä, että me emme saisi pyytää tai vastaanottaa palkkaa työstämme.

Jos uskot vilpittömästi, että Jumalan loistosta laulamisen, rukoilun sekä Hänen nimiensä toistamisen sijaan on riittävää tehdä maailmaa hyödyttäviä tekoja, silloin se on itse asiassa tarpeeksi. Jumala ei ole vain joku, joka istuu taivaassa. Jumala on kaikkialla. Luoja ja luomus eivät ole kaksi eri asiaa. Kulta ja kultaketju eivät ole erillisiä – kultaa on ketjussa ja ketju on kultaa. Jumala on meissä ja me olemme Jumalassa. On todellakin mitä hienoin asia nähdä Jumala kaikissa ihmisissä ja palvella heitä. Mutta mielen täytyy hyväksyä tämä asenne sataprosenttisesti. On todella vaikeaa suorittaa tekoja täysin epä-itsekkäästi. Itsekkyys hiipii sisään huomaamat-tamme ja silloin me emme saavuta täyttä hyötyä epäitsekkäästä toiminnasta.

Ihmiset voivat sanoa: "Ei puhuta johtajista ja työntekijöistä. Otetaan käyttöön tasa-arvo!" Mutta kuinka moni johtaja on valmis hyväksy-mään työntekijänsä oman yhteiskuntaluokkan-sa jäseniksi? Onko työntekijöiden oikeuksista puhuva johtaja halukas luovuttamaan asemansa seuraajalleen? Epäitsekkyys liittyy tekoihin, ei sanoihin. Mutta se ei tapahdu yhdessä päivässä, vaan vaatii jatkuvaa harjoitusta. Meidän tulee muistaa täyttää jokainen henkäyksemme hyvillä ajatuksilla ja meidän tulee yrittää kehittää hyviä ominaisuuksia. Kun teemme näin, hengityk-semme luo hyviä värähtelyjä ilmakehään. Usein sanotaan, että tehtaat saastuttavat ilmaa, mutta ihmisen sisällä on vielä suurempi saaste, ego. Sitä pitäisi pelätä kaikista eniten. Antaumuksellinen laulaminen ja rukoukset auttavat puhdistamaan myrkyttyneen mielen.

Karkumatkalla olevaa lehmää on vaikeaa pysäyttää juoksemalla sen perässä. Jos sen sijaan pidät lehmän lempirehua ojennetussa kädessäsi ja kutsut lehmää, se tulee luoksesi, ja silloin on helppo laittaa se liekaan. Samoin mantran toistaminen auttaa meitä saamaan mielen hallintaan.

Vaikka olemme yhtä Luojan kanssa, nykyisellään emme kykene hallitsemaan mieltämme, emmekä ole tietoisia tuosta ykseydestä. Meidän tulee hallita mieltämme samalla tavoin kuin käytämme television kaukosäädintä halutun kanavan valitsemiseen. Nykyään mielemme juoksee monien asioiden perässä. Jumalallisten nimien toistaminen on helppo tapa keskittää kuriton mieli jälleen Jumalaan.

Henkisten harjoitusten kautta mielelle kehittyy kyky sopeutua kaikkiin tilanteisiin. Ihmisillä on tapana olla hermostuneita. Mantran toistaminen on harjoitus, joka poistaa hermostuneisuutemme. Ennen vanhaan lapset käyttivät tiettyjä siemeniä oppiakseen laskemaan. Siemeniä käyttäen he harjoittelivat "yksi, kaksi, kolme" ja niin edelleen. Myöhemmin he saattoivat laskea mielessään ilman siementen apua. Kun huonomuistinen henkilö menee ostoksille, hän tekee muistilistan, ja kun tavarat on ostettu voi listan heittää pois. Samalla tavoin, me olemme parhaillaan muistamattomuuden tilassa, sillä emme ole heränneet. Kunnes herääminen tapahtuu, mantran toistaminen ja muut henkiset harjoitukset ovat tarpeellisia.

Kaikkeen on omat sääntönsä, niin myös meditaatioon ja muihin henkisiin harjoituksiin. Kuka tahansa voi laulaa tavallisia lauluja, mutta klassisen musiikin konserttia ei voi pitää ilman musiikillista koulutusta. Konsertissa soittamiseen on omat sääntönsä. Samoin tuloksekas meditoiminen vaatii koulutusta. Meditaatio on hyvin käytännöllistä, mutta jos sitä ei tehdä oikein, ongelmia voi syntyä.

Terveysjuoma on hyväksi keholle. Mutta jos määrätyn teelusikallisen sijaan juotkin sitä kokonaisen pullon, se vahingoittaa sinua. Toisaalta myöskään siitä ei ole apua, jos otat juomaa vain kaksi lusikallista määrätyn viiden

lusikallisen sijasta. Sinun täytyy pitäytyä anne-
tuissa annostusohjeissa. Samalla tavoin, sinun
tulee meditoida henkisen mestarisi antamien
ohjeiden mukaisesti. Tietyt henkiset harjoituk-
set eivät ole sopivia joillekin ihmisille. Henkilö,
joka tekee itselleen sopimattomia henkisiä har-
joituksia saattaa kärsiä unettomuudesta, hänestä
voi jopa tulla väkivaltainen tai hänelle voi tulla
tiettyjä fyysisiä vaivoja. Tämä voi olla vaaral-
lista, jos henkilö ei ole varovainen. Antaumuk-
sellinen laulaminen, mantran toistaminen ja
rukoilu eivät kuitenkaan aiheuta mitään tällaisia
ongelmia. Kuka tahansa voi huoletta harjoittaa
niitä. Meditaation suhteen varovaisuutta tarvi-
taan enemmän. Etsijä tarvitsee meditoimiseen
mestarin apua. Avaruusalus voi nousta maasta
ja päästä maan vetovoiman tuolle puolen, mut-
ta usein se tarvitsee kantoraketin apua oikean
kurssin säätämiseen ja matkan jatkamiseen.
Samalla tavalla, henkisen mestarin ohjauksen
tuki on olennaista voidaksemme edetä henki-
sellä tiellämme.

Meissä jokaisessa on voimaa olla joko
jumala tai demoni. Voimme olla Krishna tai

Jarasandha.[21] Molemmat ominaisuudet – viha ja
rakkaus – ovat sisällämme. Luonteemme määrit-
tyy sen mukaan, kumpaa näistä ominaisuuksista
päätämme ravita. Niinpä meidän tarvitsee vaalia
hyviä ajatuksia, päästää irti kaikista vihantun-
teista, puhdistaa mielemme ja vapautua sen
kuohuista. Rukouksen ja mantran toistamisen
avulla voimme poistaa kielteisyyden mielestäm-
me ja unohtaa epäolennaiset asiat. Tavallisesti
me unohdamme asioita, kun olemme tiedosta-
mattomia, ja kun tulemme tietoisiksi jälleen,
kykenemme taas muistamaan, mikäpuolestaan
tuo takaisin myös jännittyneisyytemme. Mutta
henkisten harjoitusten kautta tapahtuva unohta-
minen on erilaista, koska silloin me unohdamme
ei-toivotut asiat täysin tietoisesti.

Voimme välttyä sadoilta julisteilta liimaamal-
la seinään yhden kolme sanaa sisältävän julis-
teen: "Ilmoitusten kiinnittäminen kielletty!".
On totta, että tiedotteemme on itsessään juliste,

---

[21] Jarasandha oli voimakas mutta epäoikeudenmukainen
kuningas, joka hallitsi Magadhan maata Krishnan elinai-
kana. Hän alisti valtaansa yli sata kuningaskuntaa. Hänet
kukistettiin toistuvasti useissa hänen Krishnaa vastaan käy-
missään sodissaan. Myöhemmin Bhima tappoi Jarasandhan
kaksintaistelussa Krishnan neuvojen avulla.

mutta se palvelee suurempaa tarkoitusta. Mantran toistaminen toimii samalla tavoin. Toistamalla mantraa me vähennämme ajatustemme määrää. Kun muut ajatukset pysyvät poissa, niistä normaalisti aiheutuva kireys poistuu. Toistaessamme mantraa mieli ainakin rauhoittuu ja siinä ei ole vihaa eikä kielteisyyttä. Mieli puhdistuu. Itsekkyys vähenee ja mielemme laajenee. Näin luomme myös hyviä värähtelyjä luontoon.

Jos useaa eri uomaa pitkin virtaava vesi ohjataan yhteen kanavaan, voimme hyödyntää sitä sähkön tuottamiseen. Mantran toistamisella ja meditaatiolla voimme hallita mielemme voimaa, joka muuten hukkuu ajatusten paljouteen. Näin voimme säästää ja saada energiaa.

Laukunkantaja saa korkeakoulutuksen ja hänestä tulee tiedemies. Tiedemiehenä hän käyttää edelleen samaa päätä, millä hän aiemmin kantoi laukkuja. Mutta ovatko kantajan kyvyt samat kuin tiedemiehen? Jos laukunkantajasta voi tulla tiedemies, miksei tavallisesta ihmisestä voisi kehkeytyä henkinen olento? Se on mahdollista henkisten harjoitusten, epäitsekkään asenteen ja hyvien ajatusten kautta. Henkistä voimaa voi kartuttaa paljon keskittämällä mielensä.

Mantran toistamisen avulla saavutettua voimaa voidaan käyttää tavalla, joka on hyödyksi maailmalle - siinä ei ole mitään itsekästä. Maailma saa vastaanottaa ainoastaan hyviä sanoja ja tekoja tällaiselta ihmiseltä.

Kaikki henkiset harjoitukset tähtäävät siihen, että meissä kehittyisi sellainen asenne, että haluamme antaa itsemme maailman palvelukseen. Amma on kuitenkin valmis palvomaan sellaisen henkilön jalkoja, jolla ei ole kiinnostusta tehdä henkisiä harjoituksia, mutta joka on silti halukas omistamaan elämänsä maailman hyväksi. Rukoilusta saavutettu hyöty voidaan saavuttaa myös epäitsekkään palvelun kautta. Epäitsekkyyden tilassa ihminen on täydellinen. Siinä tilassa rajoittunut yksilö katoaa.

ॐ

*Kysymys:* Jotkut ihmiset itkevät rukoillessaan. Eikö se ole heikkouden merkki? Emmekö me vain menetä voimamme itkiessämme?

*Amma:* Kyynelten vuodattaminen rukoillessa ei ole heikkoutta. Tavallisten asioiden vuoksi itkeminen on kuin polttaisi polttopuuta turhaan, kun taas rukoillessa itkeminen on kuin valmistaisimme *payasamia* – se tekee elämästämme makeaa. Kun kynttilä on palamaisillaan loppuun, sen kirkkaus lisääntyy. Kun me vuodatamme kyyneleitä aineellisten asioiden vuoksi, se ehkä keventää sydämemme taakkaa, mutta meidän ei pitäisi haaskata aikaamme itkemällä menneitä tai tulevia asioita. "Opiskeleeko lapseni tarpeeksi ahkerasti, jotta hän saa tutkinnon suoritetuksi?" "Katsokaa, mitä nuo ihmiset tekivät minulle!" Mitähän naapurini tästä sanovat?" Tällaisten asioiden vuoksi itkemistä voidaan pitää heikkoutena. Se johtaa vain masennukseen ja muihin mielenhäiriöihin. Jos sen sijaan avaamme sydämemme ja rukoilemme Jumalaa, saamme elämäämme rauhaa ja mielentyyneyttä.

Silloin kun rukoilemme Jumalaa kaivaten, meissä kehittyy myönteisiä ominaisuuksia. Vilpitön rukous, jonka aikana itkemme Jumalaa, rauhoittaa mieltämme ja tekee siitä keskittyneen. Energian menettämisen sijaan tällaisen keskittymisen kautta me saamme voimaa. Vaikka Jumala on meidän sisällämme, mielemme ei ole keskittynyt Häneen. Rukoillessa itkeminen on keino keskittää mieli Jumalaan.

Kun pieni lapsi sanoo olevansa nälkäinen, äiti ei välttämättä reagoi heti. Mutta mitä tapahtuu, kun lapsi alkaa itkeä? Äiti tulee juosten paikalle valmiina ruokkimaan lapsensa. Samoin kyynelten vuodattaminen rukoillessa on hyvä tapa saavuttaa mielenhallintaa. Se ei missään tapauksessa ole heikkoutta.

Itsetutkiskelun polkua seuraava etsijä toistaa: "Minä en ole mieli, äly enkä keho; enkä minä ole vahvuus enkä heikkous – minä olen puhdas Itse." Tämä kieltämisen prosessi tehdään mielessä. Niille, jotka eivät ole oppineet meditaatiota, joogaa tai pyhiä kirjoituksia, helppo tapa hallita mieltä on kertoa kaikki Jumalalle avoimin sydämin, itkeä ja rukoilla Totuuden oivaltamista. Tämä on myös yksi kieltämisen muoto, koska sen sijaan, että sanoisimme "minä en ole tämä, minä en ole tuo" me sanomme Jumalalle: "Sinä olet kaikki".

Jotkut ihmiset pitävät hiljaa lukemisesta. Toisten täytyy lukea ääneen ymmärtääkseen lukemansa. Jotkut nauttivat ääneen laulamisesta, kun taas toiset hyräilevät mieluummin. Jokainen valitsee sen, mikä hänelle parhaiten sopii. Olisi väärin leimata mitään noista valinnoista heikkoudeksi. Kyse on henkilökohtaisesta valinnasta, siinä kaikki.

Jumala on sisälläsi, mutta mielesi ei ole tietoinen siitä. Sanotaan, että edessäsi on kattila. Vaikka silmäsi ovat auki et näe kattilaa, jos mielesi on muualla. Et kuule mitä toinen puhuu, jos mielesi ei ole läsnä. Samalla tavoin, vaikka Jumala on meidän sisällämme, emme tunne Häntä, ja koska mielemme ei ole keskittynyt, emme katso sisäänpäin. Tavallisesti mieli on kiinnittynyt moniin asioihin. Meidän täytyy houkutella mieli takaisin sisäänpäin ja kohdistaa se Jumalaan. Näin voimme kehittää sisällämme Jumalan ominaisuuksia kuten rakkautta, myötätuntoa ja kaiken näkemistä samanarvoisena. Meidän tulisi kehittää noita ominaisuuksia itsessämme ja ympärillämme, jotta myös muut hyötyisivät. Rukouksella on sama vaikutus.

Eräs Amman lapsista sanoi Ammalle: "En pidä rukoilusta. Mitä hyötyä siitä on?" Amma vastasi hänelle: "Anna Amman kysyä sinulta jotakin. Oletetaan, että olet rakastunut. Onko sinusta epämiellyttävää puhua rakastetullesi? Etkö nauttisikin siitä? Jumalan palvojalle rukoilulla on sama merkitys. Hänen näkökulmastaan

Jumala on kaikkialla. Jos joku paheksuisi sitä että puhut rakastetullesi, miten reagoisit? Välittäisitkö siitä mitä tuo henkilö sanoo? Sinun toteamuksesi rukoilusta on kuin tuollaisen henkilön esittämä arvostelu. Rakkaus, jota tunnemme Jumalaa kohtaan ei ole tavallista rakkautta. Se on jotain hyvin pyhää."

Rakkautta ja antaumusta Jumalaa kohtaan ei voida verrata tavalliseen rakkaussuhteeseen. Mies haluaa naisen rakkautta ja nainen miehen rakkautta. Tuossa rakkaudessa he nauttivat toisistaan. Mutta he eivät koe kylläisyyttä tai täydellisyyttä, sillä he molemmat ovat kerjäläisiä. Palvojan rukous Jumalalle on erilainen. Hän rukoilee armoa kehittääkseen sisäisiä jumalallisia ominaisuuksia sekä avarakatseisuutta, voidakseen nähdä ja rakastaa kaikkea Jumalana. Hän jakaa sydämensä tunteet Jumalan kanssa tätä tarkoitusta varten. Hän ei vain edistä jumalallisia ominaisuuksia itsessään vaan myös muuttaa elämänsä sellaiseksi, mikä hyödyttää muita. Tavalliset ihmiset jakavat tunteensa monien ihmisten kanssa ja haluavat olla muiden rakastamia. Mutta palvoja purkaa sydäntään vain sisällään olevalle Jumalalle ja rukoilee: "Anna minusta tulla Sinun kaltaisesi! Anna minulle voimaa rakastaa kaikkia olentoja ja voimaa antaa anteeksi!"

Antaumuksellinen laulaminen on palvojan sydämen täydellinen ilo; se on hänelle nautinto. Maalliset ihmiset saavat mielihyvää ulkoisista asioista, mutta sisäinen ilo on toisenlaista – se on viatonta. Kun olet kokenut sen, et lähde enää etsimään ulkoista nautintoa. Jos saat herkullista ruokaa kotona, lähdetkö etsimään sitä jostakin muualta? Rukoillessamme etsimme sisältämme lepopaikkaa. Rukoilusta saatu hyöty ei ole kuin kynttilä, joka täytyy sytyttää ulkoisin apuvälinein, vaan se on kuin valo, joka loistaa spontaanisti. Se on polku, jonka avulla me löydämme sisällämme loistavan valon.

Aineellisessa maailmassa ihmiset etsivät tyydytystä halujen kautta, mutta todellisuudessa vain rukoilu johtaa mielenrauhaan. Saatat kokea jonkinlaista rauhaa myös aineellisessa maailmassa, mutta se ei ole koskaan pysyvää. Jos rakkaasi jättävät sinut vaille huomiota, tulet murheelliseksi. Jos joku ei halua puhua toiselle, tämä kokee surua. Ihmiset etsivät onnea ja kun he eivät onnistu löytämään sitä, siitä koituu lisää surua. Kun me kerromme suruistamme jollekulle, hän vastaa puhumalla omista murheistaan. Me menemme toisen luo lohdutuksen toivossa, mutta tulemme takaisin kaksinkertaisen surumäärän kanssa. Niin kuin hämähäkki, joka rakentaa verkkonsa ja kuolee siihen, ihmiset sotkeutuvat omiin kiintymyksiinsä. Aivan niin kuin pieni käärme yrittäisi niellä ison sammakon. Vapautuaksesi tästä sinun tulee kehittää itsessäsi sivustakatsojan asennetta. Myös se on yksi rukouksen tarkoituksista.

Kaksi naista olivat naapureita. Toisen naisen aviomies kuoli ja suruissaan leski vaikeroi kovaan ääneen. Toinen nainen tuli hänen luokseen ja lohdutti häntä sanoen: "Kuka on vapaa kuolemasta? Jos ei tänään, niin huomenna se tapahtuu. Sähkövirta ei tuhoudu, vaikka lamppu palaisi. Samoin Itseä ei voi tuhota, vaikka ruumis kuoleekin." Tällaisilla sanoilla hän lohdutti itkevää naista. Vähän ajan kuluttua toisen naisen poika kuoli ja hän alkoi itkeä hillittömästi. Leski tuli hänen luokseen ja sanoi surevalle ystävälleen: "Etkö sinä tullutkin minun luokseni ja lohduttanut minua silloin, kun mieheni kuoli? Muistatko, mitä sanoit minulle silloin?" Mutta huolimatta siitä, mitä leski sanoi, hän ei saanut ystävänsä itkua loppumaan. Poikansa menettänyt nainen oli täysin samastunut omaan suruunsa. Kun hänen naapurinsa mies oli kuollut, hän oli kyennyt pysymään etäällä ja seuraamaan ystävänsä tilannetta ikäänkuin sivustakatsojana. Silloin hän pystyi lohduttamaan naista ja antamaan hänelle voimaa.

Kärsimyksemme lisääntyy, kun samastumme tilanteeseen. Mutta kun katselemme tilannetta todistajan näkökulmasta, niin sisäinen voimamme kasvaa. Luemme lehdestä lentokoneen tuhoutumisesta. Jos omat lapsemme tai sukulaisemme olivat tuossa koneessa, emme surultamme kykene lukemaan seuraavaa riviä. Jos ei ole mitään mahdollisuutta, että koneessa olisi ollut ketään meille läheistä ihmistä, luemme huolettomasti jutun loppuun ja siirrymme seuraavaan uutiseen.

Maallisissa suhteissa saatamme kokea kärsimystä. Jos rakkautemme vähenee, rakkauden kohde saattaa tästä syystä vihastua. Se johtuu siitä, että suhde perustuu toivomuksiin, haluihin ja odotuksiin. Mutta Jumalan itkeminen on täysin eri asia, sillä silloin me emme odota mitään rakkautemme vastineeksi. Silti tuossa odotuksia vailla olevassa rakkaudessa saamme kaiken. Todellisessa rukouksessa me sanomme: "Jumala, anna meille ominaisuuksiasi ja voimaa tehdä epäitsekästä palvelua!"

Koululaisia laitetaan usein kirjoittamaan jokin asia yhä uudelleen ja uudelleen, jotta he oppisivat muistamaan sen. Jos he kirjoittavat unohtuneen läksyn kymmenen kertaa, he eivät unohda sitä enää. Se jää pysyvästi heidän muistiinsa. Samoin kun toistuvasti mietiskelemme jumalallisia ominaisuuksia rukouksen aikana, noista ominaisuuksista tulee omiamme, ja ne kiinnittyvät tietoisuuteemme. Henkilö, joka herättää nämä ominaisuudet itsessään, ei ole sidoksissa niihin vaan kohoaa tuolla puolen olevaan tilaan. Hän, joka on kaikkien ominaisuuksien tuolla puolen, ei ole sidottu mihinkään. Sellainen henkilö pysyttelee sivustakatsojana. Kehittämällä jumalallisia ominaisuuksia itsessämme, voimme unohtaa itsemme ja kykenemme silloin rakastamaan ja auttamaan muita. Silloin rajoittunutta yksilöä ei enää ole. Tämä on kaikkien ominaisuuksien tuolla puolen oleva tila.

ॐ

*Kysymys:* Jotkut kuvailevat *Shiva lingamia*[22] säädyttömäksi. Onko sille perustetta?

*Amma:* Lapseni, ihmiset puhuvat niin vain, koska he eivät ymmärrä *Shiva lingamin* takana olevaa periaatetta. Jokainen näkee asiat joko hyvänä tai huonona riippuen hänen omista sisäisistä taipumuksistaan.

Jokaisella uskonnolla ja järjestöllä on omat symbolinsa ja vertauskuvansa. Maan tai poliittisen puolueen lipun tekemiseen käytetty kangas saattaa maksaa vain muutaman euron, mutta ajatelkaa, mikä arvo lipulle annetaan. Lipussa ihmiset näkevät kotimaansa tai puolueensa. Puolueen työntekijöille lippu edustaa puolueen ihanteita. Pidettäisiin loukkaavana, jos joku sylkisi tuolle kangaspalaselle tai repisi sen palasiksi sanoen, että se on vain muutaman euron arvoinen.Kun näemme lipun, emme ajattele puuvillaa josta se on tehty. Emme myöskään ajattele lantaa, jota on käytetty lannoitteena

---

[22] Pitkulainen, ovaalin muotoinen pyhä kivi, luovuuden symboli, jota palvotaan Shiva-jumalan vertauskuvana.

puuvillan kasvattamiseen, emmekä sitä, kuinka vastenmielisen hajuista sen on täytynyt olla. Näemme lipussa vain sen maan tai poliittisen puolueen ihanteet, joita lippu edustaa.

Amman kristityille lapsille risti on uhrauksen symboli. Kun me rukoilemme ristin edessä, emme ajattele, että sitä käytettiin rikollisten teloitusvälineenä. Me näemme sen Kristuksen uhrauksen ja myötätunnon symbolina. Kun Amman muslimilapset kumartuvat Mekkaa kohti, he ajattelevat jumalallisia ominaisuuksia.

Me emme voi ymmärtää, miksi jotkut ihmiset pitävät pilkkanaan ja halventavat hinduismin jumalallisia symboleja ja kuvia. *Shiva lingam* ei ole yhden tietyn uskonnon symboli; itse asiassa se edustaa tieteellistä periaatetta.

Matematiikassa ja tieteissä käytetään paljon symboleita, kuten esimerkiksi kerto - ja jakolaskumerkkejä. Eivätkö kaikkien maiden ja uskontojen ihmiset käytäkin noita symboleja? Kukaan ei kysy, mihin uskontoon noiden merkkien keksijä kuului. Kukaan ei hylkää merkkejä sellaisin perustein. Jokainen, joka haluaa oppia matematiikkaa, hyväksyy nuo symbolit. Samoin

kukaan, joka todella ymmärtää *Shiva lingamin*
taustalla olevat periaatteet, ei voi tuomita sitä.
Lapseni, sana *linga* tarkoittaa 'sulautumisen
paikkaa'. Universumi syntyy *lingasta* ja lopulta
sulautuu siihen. Muinaiset rishit etsivät maa-
ilmankaikkeuden alkuperää ja suorittamansa
askeesin avulla he havaitsivat, että Brahman
eli absoluuttinen todellisuus on kaiken tuki ja
lähde. Brahmania ei voi kuvailla sanoin, eikä
siihen voi viitata. Se on kaiken alku ja loppu.
Brahman, kaikkien ominaisuuksien ja piirtei-
den synnyinpaikka, on vailla ominaisuuksia
ja muotoa. Miten ominaisuuksia vailla olevaa
voidaan kuvailla? Vain se, jolla on ominaisuuk-
sia voidaan käsittää mielellä ja aisteilla. Tässä
vaikeassa kontekstissa tietäjät löysivät symbolin
havainnollistamaan alkuperäistä vaihetta Brah-
manin ja luomakunnan välillä: *Shiva lingamin.*
Se ilmaisee maailmankaikkeuden syntymisen
Brahmanista. Rishit käyttivät *Shiva lingamia*
paljastaakseen kokemansa totuuden tavalla, jon-
ka tavallinen kansa saattoi ymmärtää. Meidän
tulee ymmärtää, että ominaisuuksia vailla oleva
perimmäinen todellisuus on nimen, muodon ja
yksilöllisyyden tuolla puolen, mutta ihmisten

tulee voida mietiskellä ja palvoa sitä helposti ymmärrettävällä tavalla. Rishit hyväksyivät *Shiva lingamin* tieteelliseksi symboliksi käytettäväksi tuohon tarkoitukseen.

Tiedemiehet, jotka tutkivat tiettyjä säteitä, joita ei voi nähdä silmällä, käyttävät symboleja kuvatakseen niitä muille. Kun kuulemme röntgensäteistä, tiedämme, että kyse on tietynlaisesta säteilystä. Samoin, kun näemme *Shiva lingamin*, me ymmärrämme, että kyse on ominaisuuksia vailla olevan Brahmanin kuvaamisesta ominaisuuksia sisältävässä olemuksessa.

Sana *shiva* tarkoittaa 'suotuisaa'. Suotuisuudella ei ole muotoa. Palvomalla *Shiva lingamia*, joka on suotuisuuden symboli, palvoja saa osakseen suotuisuutta. Suotuisuus ei erottele ketään esimerkiksi yhteiskunnallisen aseman mukaan. Jokainen, joka palvoo *Shiva lingamia* tietoisena sen takana olevasta periaatteesta, hyötyy siitä.

Lapseni, luomisen alussa korkein prinsiippi jakautui *prakritiin*[23] ja *purushaan*[24]. Sanalla *prakriti* rishit tarkoittivat maailmankaikkeutta,

---

[23] Maailmankaikkeus, jonka tunnemme ja koemme; luonto.
[24] Kehon sisällä oleva tietoisuus; puhdas, koskematon universaali tietoisuus, olemassaolo.

jonka me tunnemme ja koemme. Vaikka *purusha* normaalisti tarkoittaa 'miestä', tässä yhteydessä sillä on eri merkitys. *Purusha* on tietoisuus Itsestä. *Prakriti* ja *purusha* eivät ole kaksi, ne ovat yksi, aivan kuten tulta ja sen kykyä polttaa ei voi erottaa toisistaan. Kun sana 'purusha' mainitaan, ne jotka eivät ole opiskelleet henkisyyttä ajattelevat 'miestä'. Tämän vuoksi korkeimmalle itselle, joka on puhdas tietoisuus, annettiin miehen muoto ja nimi Shiva. *Prakritia* taas pidettiin naisena, ja sille annettiin nimet Shakti ja Devi.

Jokaisen liikkeen taustalla on liikkumaton perusta, aivan kuten betonimyllyllä, joka on asetettu liikkumattomalle alustalle. Shiva on jokaisen maailmankaikkeudessa tapahtuvan liikkeen taustalla oleva liikkumaton periaate, kun taas Shakti on liikkeellepaneva voima. *Shiva lingam* on Shivan ja Shaktin yhteyden symboli. Kun mietiskelemme keskittyneesti tätä symbolia, Korkein Totuus herää sisällämme.

Meidän tulisi myös miettiä sitä, miksi *Shiva lingamille* annettiin sellainen muoto. Nykyään tiedemiehet sanovat, että maailmanaikkeus on munan muotoinen. Intiassa maailmankaikkeuteen viitattiin tuhansien vuosien ajan sanalla

*Brahmandam,* 'suuri muna'. *Brahman* tarkoittaa rajattoman suurta. *Shiva lingam* on tuo valtava kosminen muna pienoiskoossa. Palvoessamme *Shiva lingamia,* palvomme itse asiassa koko maailmankaikkeutta Jumalan suotuisana ilmentymänä ja jumalallisena tietoisuutena. Tämä ei ole taivaassa istuvan Jumalan palvomista. Tämä opettaa meille, että kaikki maailmankaikkeudelle ja sen olennoille omistettu epäitsekäs palvelu on Shivan palvontaa.

Nykyisessä tilassamme me istumme niin kuin linnunpoikanen egomme munankuoren sisällä. Poikanen voi vain haaveilla taivaan vapaudesta, mutta ei voi kokea sitä. Kokeakseen tuon vapauden, linnun emon on haudottava munaa, jotta poikanen pääsee kuoriutumaan ulos. Jotta me voisimme nauttia Itsen autuudesta, egomme kuoren on rikkoonnuttava. Munanmuotoinen *Shiva lingam* herättää palvojassa tietoisuuden tästä totuudesta.

Me laulamme: *Akasha linga pahi mam atma linga pahi mam...* Kirjaimellisesti nuo sanat tarkoittavat: 'Taivas *linga,* suojele minua; Itse *linga,* suojele minua'. Sanojen todellinen merkitys on: 'Suojelkoon minua Jumala, joka on kaikkialla läsnäoleva niin kuin taivas, suojelkoon minua Korkein Itse, joka on minun todellinen olemukseni!"

Niinpä *lingan* merkitys ei ole siitin, edes typerykset eivät rukoilisi miehen sukupuolielimeltä suojelusta!

Lapseni, kuka hyötyy siitä, jos jumalalliselle symbolille, jota miljoonat ihmiset kautta aikojen ovat käyttäneet sielujensa kohottamiseen, annetaan olematon, ivallinen merkitys? Se aiheuttaa vain vihaa ja ristiriitoja.

*Puranoissa*[25] sanotaan, että Shiva poltti Kaman, himon jumalan, kolmannen silmänsä tulella. Nykyään me pidämme materiaalisia asioita todellisina, ikuisina ja meille kuuluvina. Me kohdistamme huomiomme vain sellaisiin asioihin. Vasta kun tiedon kolmas silmä aukeaa, voimme oivaltaa, että tuo kaikki on katoavaista ja vain Itse on ikuinen. Silloin voimme nauttia korkeimmasta autuudesta. Siinä tilassa miehen ja naisen, minun ja sinun välillä ei ole eroa. Tätä tarkoitetaan, kun sanotaan, että Kama tuhottiin. *Shiva lingam* auttaa meitä käsittämään tämän periaatteen, ja vapauttaa mielen himosta. Siksi

---

[25] Eeppisiä, jumalten elämistä kertovia tarinoita.

*Shiva lingamia* palvoivat sekä miehet että naiset, vanhat ja nuoret, brahmaanit ja kastittomat.

Vain himon harhauttama mieli voi mahdollisesti nähdä *Shiva lingamin* intohimon symbolina. Meidän tulisi selittää tällaisille ihmisille symbolin todelliset periaatteet ja ylevöittää siten heidän mielensä.

*Shiva lingam* osoittaa, että Shiva ja Shakti eivät ole kaksi, vaan yksi ja sama. Tämä on olennaista myös perhe-elämässä. Miehen ja vaimon mielen tulee olla yhtä. Jos mies on perheen tuki, nainen on Shakti, perheen voima. Ei ole varmaankaan toista symbolia, joka kuvaa miehen ja naisen välistä rakkautta ja tasa-arvoa. Siksi Shiva lingamille on annettu niin suuri merkitys Amman perustamissa Brahmasthanam-temppeleissä.

ॐ

*Kysymys:* Sanotaan, että Shiva oleilee polttohautauspaikoilla. Mitä sillä tarkoitetaan?

*Amma:* Halu on ihmisten kärsimysten aiheuttaja. Syy siihen, että mieli juoksee kaikkien halujen perässä, on käsitys omasta epätäydellisyydestä. Emme tule koskaan kokemaan täydellistä rauhaa, jos keskitymme vain maallisten etujen hankkimiseen. Polttohautauspaikoilla kaikki maalliset halut ja ruumis, jota käytettiin noiden halujen täyttämisen välineenä, ovat palaneet tuhkaksi. Ja siellä, missä noita haluja ja kehotietoisuutta ei ole, Shiva tanssii autuudessa. Siksi häntä kutsutaan polttohautauspaikkojen asukkaaksi. Tämä ei tarkoita sitä, että me saavuttaisimme autuuden vasta kuoleman jälkeen. Kaikki on sisällämme. Me ja maailmankaikkeus olemme yhtä. Molemmat ovat yhtä täydellisiä. Kun kiintymys ruumiiseen kuolee Itsetietoisuuden tulessa, me täytymme automaattisesti autuudella.

Shivan keho koristellaan hautajaisrovioiden tuhkalla. Tämä symboloi kaikkien halujen voittamista. Kun laitat pyhää tuhkaa[26] otsaasi, siitä on myös terveydellistä hyötyä. Lisäksi mieli tulee tietoiseksi kehon katoavasta luonteesta. Se innostaa meitä muistamaan, että tämä keho menehtyy pian ja että meidän tulisi tehdä hyviä

---

[26] Pyhää tuhkaa (*bhasma, vibhuti*) valmistetaan perinteisesti kuivatusta lehmän lannasta, joka poltetaan tuhkaksi.

tekoja niin pian kuin mahdollista, ennen kuin ruumiimme kuolee.

Shivaa kutsutaan 'takertumattomaksi' (*vairagi*). Takertumattomuudella (*vairagya*) tarkoitetaan kiintymyksen poissaoloa. Lelut ovat lapsille hyvin tärkeitä, kun taas aikuisille samoilla leluilla ei ole mitään merkitystä. Takertumattomuus tarkoittaa sitä, että ei anna liiallista merkitystä nimelle tai asemalle, kehon mukavuuksille, perheelle tai ystäville. Jos me emme kehitä todellista takertumattomuutta, onnellisuutemme tulee riippumaan toisten ihmisten sanoista. Elämästämme tulee kuin sätkynukke toisten käsissä. Intohimottomuus antaa meille todellisen vapauden. Jos meillä on intohimottomuutta, mikään maailmassa ei voi peittää sisällämme olevaa synnynnäistä autuutta. Tuhkaan pukeutuva ja hautajaispaikoilla asuva Shiva opettaa meille tämän periaatteen. Siksi Shivaa pidetään guruista tärkeimpänä.

# Sanasto

**Advaita:** Ei-kaksinaisuus; ykseysfilosofia, joka opettaa, että Luoja ja luotu ovat yksi ja jakamaton.

**Archana:** 'Uhraus palvontaa varten'; yksi palvonnan muoto, jossa lauletaan jumalallisia nimiä, yleensä 108, 300 tai 1000 nimeä.

**Ashram:** 'Paikka, jossa ponnistellaan'; paikka, jossa henkiset etsijät asuvat tai vierailevat elääkseen henkistä elämää tai tehdäkseen henkisiä harjoituksia. Se on yleensä myös henkisen mestarin, pyhimyksen tai askeetin koti, jossa hän opastaa oppilaitaan.

**Asura:** Demoni; henkilö, jolla on demonisia ominaisuuksia.

**Atman:** Korkein Itse, Henki tai Tietoisuus, joka on ikuinen; todellinen luontomme. Yksi Sanatana Dharman perusperiaatteista on, että me olemme ikuinen, puhdas, tahraton Itse.

**Avadhut(a):** Itsen oivaltanut sielu, joka ei noudata yleisiä tapoja. Perinteisellä mittapuulla avadhutia pidetään hyvin omalaatuisina.

**Bhagavad-Gita:** 'Jumalan laulu'; Bhagavad = Jumala, gita = laulu, viitaten erityisesti neuvoon. Opetukset, jotka Krishna antoi Arjunalle Kurukshetran taistelutantereella Mahabharatan sodan alkaessa. Teos sisältää käytännöllisiä ohjeita jokapäiväistä elämää varten sekä vedisen viisauden perusopetukset.

**Bhagavan:** Herra; Jumala. Hän, jolla on kuusi jumalallista ominaisuutta tai bhagaa: kahdeksan siddhiä, voimaa, suuruutta, hyvää onnea, tietämystä ja takertumattomuutta.

**Bhagavatam:** Yksi 18-osaisesta, Puranoiksi kutsutuista kirjoituksista, käsittelee erityisesti Vishnun inkarnaatioita, ja suurelta osin Krishnan elämää. Se korostaa antaumuksen polkua. Tunnetaan myös nimellä Srimad Bhagavatam.

**Bhajan:** Antaumuksellinen laulu tai laulaminen.

**Bhakti:** Rakkaus ja antaumus.

**Bhaktijooga:** 'Yhtyminen rakkauden ja antaumuksen avulla'; rakkauden ja antaumuksen polku. Henkinen tie, joka johtaa Itseoivallukseen rakkauden, antaumuksen ja täydellisen Jumalalle antautumisen kautta.

**Bhava:** Jumalallinen mielentila tai asenne.

**Brahma, Vishnu ja Shiva (Maheswara):** Kolme Jumalan olemuspuolta, jotka edustavat maailmankaikkeuden luomista, ylläpitämistä ja tuhoamista.

**Brahman:** Absoluttinen todellisuus; kokonaisuus; Korkein Olento; Se, joka läpäisee kaiken ja on yksi ja jakamaton.

**Brahmandam:** 'Suuri muna'; maailmankaikkeus.

**Brahmasthanam-temppeli:** 'Brahmanin asuinpaikka'. Nämä Amman jumalallisesta intuitiosta syntyneet ainutlaatuiset temppelit ovat ensimmäisiä temppeleitä, joissa eri jumaluudet kuvataan samassa kivessä. Kivi on nelisivuinen ja se esittää Ganeshaa, Shivaa, Deviä sekä Rahua, korostaen näiden monien Jumalan olemuspuolten ykseyttä. Brahmasthanam-temppeleitä on 16 Intiassa ja yksi Mauritiuksella.

**Brahmasutra:** Viisaan Badarayanan (Veda Vyasan) mietelauseita, jotka selittävät vedistä filosofiaa.

**Brahmaani:** Intian kastijärjestelmässä brahmaanit olivat pappeja ja opettajia.

**Darshan:** Jumalan tai pyhimyksen tapaaminen joko fyysisesti tai näyssä.

**Deva:** 'Hän, joka loistaa'; jumala tai taivaallinen olento, joka oleilee astraalitasolla, hienovaraisessa, ruumiittomassa muodossa.

**Devi:** 'Hän, joka säteilee'; Jumalatar, Jumalallinen Äiti.

**Dharma:** Tulee sananvartalosta dhri; tuki, ylläpito, kiinnipitäminen. Käännetään usein 'oikeudenmukaisuudeksi'. Dharmalla on itse asiassa useita toisiinsa yhteydessä olevia merkityksiä: se, joka ylläpitää universumia, totuuden lait, maailmankaikkeuden lait, luonnonlait, eläminen jumalallisen harmonian mukaisesti, oikeudenmukaisuus, uskonto, velvollisuus, eettisyys, vastuu, oikea menettely, oikeus, hyvyys ja totuus. Dharma tuo julki uskonnon sisäiset periaatteet. Se ilmaisee olennon tai asian todellisen luonnon ja sopivan toiminnan. Esimerkiksi tulen dharma on palaa. Ihmisen dharma on elää tasapainossa henkisten periaatteiden kanssa ja kehittää korkeampaa tietoisuutta.

**Durga:** Yksi Jumalallisen Äidin nimistä. Hänet kuvataan usein ratsastamassa

leijonalla kantaen mukanaan erilaisia
aseita. Hän on pahan tuhoaja ja hyvän
suojelija. Hän tuhoaa oppilaidensa halut
ja kielteiset taipumukset (vasanat) sekä
paljastaa heille Korkeimman Itsen.

**Ganesha:** Shivan ja Parvatin poika. Poistaa
esteitä ja suo menestystä. Häntä palvotaan
jumalanpalveluksen aluksi ja ennen kuin
ryhdytään uusiin toimiin. Ganeshalla
on elefantin pää ja kulkuneuvonaan hän
käyttää rottaa. Tämä kuvaa sitä seikkaa,
että Jumala on läsnä kaikissa olennoissa,
suurimmasta pienimpään; se symbo-
loi myös kaikkien halujen voittamista.
Ganeshaan liittyvät yksityiskohdat ilmai-
sevat syvällisiä filosofisia merkityksiä,
joiden tarkoituksena on ohjata henkistä
etsijää.

**Gita:** Laulu. Katso Bhagavad-Gita.

**Guru:** 'Hän, joka poistaa tietämättömyyden
pimeyden.' Henkinen mestari ja opettaja.

**Gurukula:** Ashram, jossa oppilaat asuvat
ja opiskelevat elävän gurun opastuk-
sella. Ennen vanhaan gurukulat olivat
sisäoppilaitoksen tapaisia kouluja, joissa

lapsille annettiin peruskoulutusta Vedoihin perustuen.

**Hathajooga:** Muinainen fyysisiin ja mielen harjoituksiin perustuva menetelmä, jonka tarkoituksena on tehdä kehosta ja sen elintoiminnoista täydellinen väline Itseoivalluksen saavuttamiseksi.

**Homa:** Pyhä tulirituaali

**Ishwara:** Jumala. Absoluuttisen Todellisuuden persoonallinen olemuspuoli; Hän, joka hallitsee.

**Japa:** Mantran, rukouksen tai jumalallisen nimen toistaminen.

**Jivanmukta:** Itseoivalluksen tila tai valaistuminen, joka saavutetaan elämän aikana.

**Jnana:** Tietämys. Korkein tieto on suora kokemus, joka on rajallisen mielen, älyn ja aistien käsityskyvyn tuolla puolen. Se saavutetaan henkisten harjoitusten ja Jumalan tai henkisen mestarin armon avulla.

**Jnanajooga:** 'Yhtyminen tiedon polun avulla'; Korkeimman tietämyksen henkinen polku, joka tuo mukanaan ymmärryksen Itsen ja maailman todellisesta luonteesta. Edellyttää syvällistä kirjoitusten tutkimista, takertumattomuutta (vairagyaa),

erottelukykyä (vivekaa), meditaatiota ja
itsetutkiskelua menetelmällä – "Kuka
minä olen? Minä olen Brahman" – jota
käytetään rikkomaan harha (maya) Itse-
oivalluksen saavuttamiseksi.

**Jooga:** Yhtyminen Jumalaan; laaja termi,
jolla viitataan erilaisiin menetelmiin saa-
vuttaa ykseys Jumalan kanssa; polku, joka
johtaa Itseoivallukseen.

**Kali:** 'Musta, tumma, pimeä'; Yksi Jumalal-
lisen Äidin muodoista. (Pimeällä viitataan
tässä yhteydessä Hänen rajattomuuteen-
sa, siihen, että Hän on mielen ja älyn
ulottumattomissa.) Egon näkökulmasta
Hän voi vaikuttaa pelottavalta, sillä Hän
tuhoaa egon, mutta Hän tekee sen vain
mittaamattomasta rakkaudesta ja myö-
tätunnostaan. Kalilla on useita muotoja;
hyväntahtoisessa muodossaan Hänet tun-
netaan nimellä Bhadra Kali. Kalin palvoja
tietää, että hurjan ulkomuodon takaa löy-
tyy rakastava äiti, joka suojelee lapsiaan ja
antaa heille valaistumisen armon.

**Kalidas:** Intian suurin sanskritinkieli-
nen runoilija ja kirjailija (n. 400 jKr.).

Meghdutan, Raguvamsan ja Sakuntalan kirjoittaja.

**Kama:** Himo, intohimo.

**Karma:** Toiminta, teko.

**Karmajooga:** 'Yhtyminen toiminnan avulla.' Takertumattoman epäitsekkään toiminnan polku, jossa omistetaan kaikki tekojen hedelmät Jumalalle.

**Kolme maailmaa:** Taivas, maa ja manala tai kausaalinen, astraalinen ja fyysinen maailma; myös kolme tietoisuuden tasoa.

**Krishna:** 'Hän, joka vetää meitä puoleensa'; Tummaihoinen, musta. (Tummalla värillä viitataan tässä yhteydessä hänen rajattomuuteensa, siihen, että hän on mielen ja älyn ulottumattomissa.) Hän syntyi kuninkaalliseen perheeseen, mutta kasvoi sijaisvanhempien luona ja eli lehmipoikana Vrindavanissa gopi-tyttöjen ja gopa-poikien palvomana ja rakastamana. Myöhemmin Krishnasta tuli Dwarakan hallitsija. Hän oli serkkujensa Pandavien ystävä ja neuvonantaja, erityisesti Arjunan, jolle hän paljasti opetuksensa – katso Bhagavad-Gita.

**Kriyajooga:** Yksi osa perinteisistä tantrisista harjoituksista – enimmäkseen hengitysharjoituksia.

**Kundaliini:** 'Käärmevoima'; henkinen energia, joka asustaa selkärangan tyvessä kerälle kiertyneenä niin kuin käärme. Henkisten harjoitusten avulla tämä energia nousee chakrojen (energiakeskusten) läpi ylöspäin sushumna-nadia eli -kanavaa (hiuksenhienoa selkärangassa olevaa hermoa) pitkin. Kun kundaliini nousee chakrasta toiseen, henkisen etsijän tietoisuudentaso kohoaa hienovaraisemmaksi. Lopulta kundaliini saavuttaa korkeimman, päälaella sijaitsevan Sahasrarachakran. Tämä kundaliinin herättämisprosessi johtaa Itseoivallukseen.

**Layajooga:** 'Yhtyminen sulautumisen avulla'; perustuu chakrojen kehittämiseen ja kundaliinienergian herättämiseen. Joogamuoto, jossa etsijän alempi luonto sulaa pois, ja hänet herätetään autuuteen ja yliaistilliseen tietoisuuteen.

**Linga:** 'Symboli, määrittelevä merkki'; Shiva lingam on yleensä pitkulainen, päästään soikea kivi.; luovuuden periaate; palvotaan usein Shiva-jumalan symbolina.

**Mahabharata:** Ramayanan ohella yksi Intian suurista eepoksista. Merkittävä kirjoitelma dharmasta ja henkisyydestä. Tarina käsittelee enimmäkseen Pandavien ja Kauravien välistä vastakkainasettelua sekä Kurukshetran suurta sotaa. Tämä 100 000 säettä sisältävä teos on maailman pisin eeppinen runoelma. Sen kirjoitti pyhimys Vyasa noin 3200 eKr.

**Mahatma:** Suuri sielu. Kun Amma käyttää sanaa 'mahatma', Hän viittaa Itsen oivaltaneeseen sieluun.

**Mantra:** Pyhä sana tai rukous, jota toistetaan taukoamatta. Tämä herättää yksilössä piilevän henkisen voiman ja auttaa häntä saavuttamaan perimmäisen päämäärän. Tehokkainta on saada mantravihkimys henkiseltä mestarilta. Mantra liittyy kiinteästi edustamaansa todellisuuteen ja on siten tuon todellisuuden 'siemen'. Henkinen etsijä ravitsee tuota siementä toistamalla mantraa jatkuvasti keskittyneesti, kunnes se lopulta versoo kokemukseksi Korkeimmasta Todellisuudesta.

**Matham**: Uskonto.

**Maya**: Harha; jumalallinen harso, jonka taakse Jumala piilottaa itsensä luomakunnan jumalallisessa näytelmässä antaen vaikutelman moninaisuudesta ja luoden siten erillisyyden harhan. Maya peittää Todellisuuden ja harhauttaa meidät uskomaan, että täyttymys olisi löydettävissä Itsemme ulkopuolelta.

**Moksha**: Lopullinen henkinen vapautus.

**Mudra**: Fyysinen, yleensä käsillä ilmaistava ele tai asento, jolla on syvällinen henkinen merkitys.

**Muruga**: 'Kaunis'. Tunnetaan myös nimellä Subramania. Shivan toinen poika, joka avustaa sielujen kehittymistä, erityisesti joogaa harjoitettaessa. Hän on Ganeshan veli.

**Nadi Shastra**: Nadi = 'välittäjä'. Tietty ennustavan astrologian haara, esim. Agastya Nadi.

**Nadopasana**: Antaumus ja palvonta musiikin avulla.

**Narasimha**: Ihmisleijona; Vishnun inkarnaatio.

**Narayana:** Nara = tietoisuus, vesi. 'Hän, joka on vakiintunut Korkeimpaan Tietoisuuteen'; Hän, joka asuu kausaalisissa vesissä', yksi Vishnun nimistä.

**Natya-shastra:** Tanssi-, musiikki- ja teatteritaide.

**Parvati:** 'Vuoren tytär'; Shivan jumalallinen puoliso; yksi Jumalallisen Äidin nimistä.

**Payasam:** Makea, riisistä valmistettu ruokalaji.

**Prakriti:** Alkuperäinen luonto; maailman materiaalinen luonnonlaki, joka suhteessa Purushaan, luo universumin; perusaines, josta maailmankaikkeus koostuu.

**Prasad:** Siunattu uhrilahja tai lahja pyhältä henkilöltä tai temppeliltä, yleensä ruokaa.

**Puja:** 'Palvonta'; pyhä rituaali; seremoniallinen palvonta.

**Purana:** Eeppisiä, jumalten elämiä kuvaavia tarinoita.

**Purusha:** Kehossa ilmenevä tietoisuus; puhdas, koskematon universaali tietoisuus ja olemassaolo.

**Rajajooga:** Meditaation polku.

**Rama:** 'Ilon antaja'; Ramayana-eepoksen jumalallinen sankari. Vishnun inkarnaatio, jota pidetään dharman ja hyveellisyyden esikuvana.

**Ramayana:** 'Raman elämä'; Mahabharatan ohella yksi Intian suurista eepoksista, joka on Valmikin kirjoittama ja kuvaa Raman elämää. Rama oli Vishnun inkarnaatio. Suurin osa eepoksesta kuvaa, kuinka demonikuningas Ravana kaappasi Raman vaimon Sitan ja vei tämän Sri Lankaan. Sitan pelastivat Rama ja hänen palvojansa, joukossa myös Raman suuri palvoja Hanuman.

**Rishi:** Rsi = tietää; Itsen oivaltanut tietäjä. Yleensä viitataan muinaisen Intian seitsemään rishiin, Itsen oivaltaneisiin sieluihin, jotka 'näkivät' Korkeimman Totuuden.

**Samskara:** Samskaralla on kaksi merkitystä: (1) Nykyisen ja edellisten elämien kokemusten seurauksena mieleen juurtuneiden käsitysten kokonaisuus, joka vaikuttaa ihmisen elämään – hänen luonteeseensa, toimintaansa, mielentilaansa, jne. (2) Oikean ymmärryksen sytykkeet, jotka johtavat henkilön luonteen jalostumiseen.

**Sanatana Dharma:** Ikuinen uskonto; Ikuinen periaate, ikuisesti oikea elämäntapa. Perinteinen nimi hindulaisuudelle.

**Saraswati:** Oppimisen Jumalatar.

**Satya:** Totuus.

**Satyayuga:** Totuuden aikakausi; tunnetaan myös nimellä Kritayuga. Luomakunnassa kiertää neljän eri aikakauden sykli (katso yuga). Satyayugan aikakaudella hyvyys ja totuus vallitsevat kaikkialla ja jokainen ilmentymä tai toiminta on lähellä puhtainta ihannetta. Viitataan joskus nimellä kultainen aikakausi.

**Shakti:** Voima; Maailmankaikkeuden Äidin nimi; Brahmanin dynaaminen olemuspuoli.

**Shankaracharya:** (788-820 jKr.) Suuri filosofi, joka elävöitti hindulaisuutta. Perusti Advaita-oppisuunnan, joka julistaa, että vain Brahman on todellinen, kaikki muu on epätodellista.

**Shastra:** Tiede tai erikoistunut tieto.

**Shiva:** 'Suotuisa, armollinen, hyvä'; Yksi Jumalan ilmentymistä; miehinen olemuspuoli; tietoisuus. Shiva on Jumalan kolminaisuuden se olemuspuoli, joka

tuhoaa maailmankaikkeuden ja sen mikä
ei ole todellista.

**Shiva-lingam:** Shivaa symboloiva linga (katso
linga).

**Svarajooga:** Itseoivalluksen saavuttamiseksi
tehtävät hengitysharjoitukset.

**Tantra:** Perinteinen henkisten harjoitusten
menetelmä, joka mahdollistaa, että sen har-
joittaja oivaltaa maallisten toimien keskellä,
että (ulkoisista) kohteista saatu ilo nousee itse
asiassa ihmisen sisältä.

**Tapas:** 'Kuumuus'; itsekuri, kieltäymys, katu-
musharjoitus ja itsensä uhraaminen; hen-
kiset harjoitukset, jotka polttavat mielen
epäpuhtaudet.

**Upadhi:** Rajoittava määrite, esim. nimi, muoto,
ominaisuudet, välineet.

**Upanishadit:** 'Mestarin jalkojen juuressa istu-
minen'; 'se, joka tuhoaa tietämättömyyden';
Upanishadit ovat Vedojen neljäs ja viimeinen
osa. Ne selittävät Vedanta-filosofiaa.

**Vairagi:** 'Takertumaton' (viittaa Shivaan).

**Vairagya:** Takertumattomuus.

**Valmiki:** Ryöstäjä, josta tuli suuri pyhi-
mys ymmärrettyään, kuinka virheellisiä
hänen arvonsa ja oletuksensa olivat sekä

suoritettuaan ankaria henkisiä harjoituksia rishien ohjauksessa. Hän on hyvä esimerkki siitä, miten menneen elämänsä voi täysin jättää taakseen, riippumatta siitä, kuinka väärin olisi ennen toiminut.

**Vastu:** 'Luonto, ympäristö'; muinainen vedinen arkkitehtuuritaide, joka sisälsi monitahoisia periaatteita siitä, miten rakennukset tuli rakentaa harmoniassa ympäristön kanssa.

**Vedanta:** Vedojen päätösosa. Upanishadien filosofia, joka sisältää perimmäisen totuuden 'Yksi ilman toista'.

**Vedat:** 'Tieto, viisaus'; Muinaiset hinduismin pyhät kirjoitukset. Kokoelma pyhiä sanskritinkielisiä tekstejä, jotka on jaettu neljään osaan: Rig, Yajur, Sama ja Atharva. Maailman vanhimpiin kirjoituksiin kuuluvat Vedat koostuvat 100 000 jakeesta sekä muusta proosasta. Rishit, Itsen oivaltaneet näkijät, toivat Vedat maailmaan ja niitä pidetään suorana ilmoituksena korkeimmasta totuudesta.

**Vishnu:** 'Kaikkialla läsnäoleva'; Jumala, jota yleensä palvotaan hänen inkarnaatioidensa, Krishnan ja Raman muodossa.

**Viveka:** Erottelukyky; kyky erottaa todellinen epätodellisesta, ikuinen väliaikaisesta, dharma adharmasta (epäoikeudenmukaisuudesta), jne.

**Yaga-yajnat:** Yksityiskohtaiset vediset uhrirituaalit.

**Yajna:** Uhraus

**Yuga:** Aikakausi, joita on yhteensä neljä: Satya- tai Kritayuga (kultainen aikakausi), Treta yuga, Dwapara yuga ja Kali yuga (pimeä aikakausi). Tällä hetkellä me elämme Kaliyugan aikakautta. Yugien sanotaan seuraavan toisiaan lähes loputtomasti.